Jardim dos Beija-Flores

The Hummingbird Garden

2ª Edição

JOHAN DALGAS FRISCH
CHRISTIAN DALGAS FRISCH

I

Este *livro* é dedicado à minha amada esposa e companheira Birte, com
a qual aprendi a sentir a energia que as flores e os beija-flores
transmitem àqueles que os apreciam.

Johan Dalgas Frisch

This book is dedicated to my beloved wife and companion Birte, at whose
country e state I learned to feel the energy that flowers and hummingbirds
transmit to those who
appreciate them.

Prólogo

Preface

Durante vários anos Christian, Birte e eu plantamos árvores, arbustos e muitas espécies de flores em nosso jardim, na tentativa de criar um ambiente agradável e colorido que favorecesse o convívio com os pássaros. Com surpresa, começamos a notar visitas cada vez mais freqüentes de beija-flores. A partir desse momento, passamos a observar quais as flores que chamavam a atenção desses maravilhosos pequenos seres, dotados de uma leveza que lhes permitem pairar no ar como num sonho.

Dessa observação casual surgiu uma pesquisa interessante. Durante anos acompanhamos os hábitos dos beija-flores, descobrindo quais as flores que procuravam em cada época.

Cada vez que parávamos para prestar atenção nas avezinhas, nossas mentes se libertavam das preocupações cotidianas e nos permitiam mergulhar numa sensação maravilhosa, compartilhada por quem aprecia as coisas vivas que nos cercam. Os beija-flores mudaram nossas vidas. Descobrimos que sua presença mágica nos passava uma energia única, capaz de afastar o stress e recuperar a harmonia interior.

A vontade de compartilhar esse mundo maravilhoso, que tantas vezes passa despercebido, nos levou à iniciativa de escrever este livro. Ele poderá ser usado como um guia, que permitirá a toda a família descobrir como criar um habitat atraente para beija-flores. Com ele, você descobrirá de que maneira atrair essas criaturas aladas durante todos os meses do ano.

A magia dos beija-flores vai aprofundar o respeito que você tem à natureza. A energia que eles transmitem certamente tornará sua alma mais rica, alegre e satisfeita com a vida.

For several years we had planted trees, bushes, and many varieties of flowers in our garden in an effort to create a pleasant and colorful atmosphere that would be conducive to fellowship with birds. We were surprised to note that hummingbirds began paying us more and more frequent visits. From then on, we started noticing which flowers attracted the attention of those marvelous little beings, so amazingly endowed with a lightness that enables them to hover in the air like a dream.

This casual observation developed into an interesting research project. For years we monitored the habits of the hummingbirds, and discovered which flowers they sought out in each season.

We found that whenever we paused to direct our attention to these tiny birds, our minds were released from daily cares and we could allow ourselves to revel in a marvelous sensation, shared by others who appreciate the living things that surround us. The hummingbirds changed our lives. We found that their magical presence transmitted a unique kind of energy, something capable of driving away stress and restoring inner harmony.

The desire to share this marvelous world that so often passes unnoticed, spurred us to write this book. It can be used as a guide to enable the entire family to learn how to create an attractive habitat for hummingbirds. With it, you will discover how to attract those winged creatures and keep them flying into your garden all year long.

The magic of hummingbirds will enhance your respect for nature. The energy they transmit certainly will enrich your soul, raise your spirits, and make you more satisfied with life.

Johan Dalgas Frisch

Índice

Index

Prefácios	8	Forewords
Introdução	17	Introduction
Considerações Gerais	18	General Observations
Coevolução de Aves e Flores	45	The Coevolution of Birds and Flowers
Árvores	55	Trees
Arbustos e Plantas Herbáceas	97	Herbs and shrubs
Trepadeiras	177	Climbers
Bromélias	205	Bromeliads
Cactos	215	Cactus
Orquídeas	221	Orchids
Plantas Frutíferas	231	Fructiferous Plants

Prefácios

Forewords

Agradecemos a duas grandes personalidades brasileiras que contribuíram com suas observações neste trabalho:

Two distinguished Brazilians wished to contribute their observations, which we greatly appreciate:

Omar Fontana

Lázaro de Mello Brandão

Omar Fontana - Charles Lindbergh

Omar Fontana

A associação de interesses comuns que mantenho, há longo tempo, com Johan Dalgas Frisch, volta a ganhar força agora, com a publicação de mais uma obra admirável que tenho a honra de prefacear. Minha primeira colaboração com esse homem que há anos presta inestimáveis serviços à natureza se deu em 1971, quando a obra musical *Transamazônica*, de minha autoria, foi incluída em um dos discos sobre cantos de aves silvestres, recolhidos por Dalgas. Em 1981 tive a satisfação de escrever o prefácio do primeiro volume de *Aves Brasileiras*, outra realização de Dalgas que em muito contribui para a divulgação da ornitologia no Brasil.

Agora, coube novamente a mim a prazerosa tarefa de introduzir o leitor à nova obra de Johan Dalgas Frisch e seu filho Christian Dalgas Frisch, um livro em que os autores revelam toda a magia dos beija-flores e os segredos de como aproveitar a energia que essas pequenas e delicadas aves podem transmitir. Neste que pode ser considerado um guia, os Dalgas descrevem como jardins, parques, pomares e chácaras podem se tornar nichos ecológicos, desde que racionalmente manejados. Numa linguagem clara e direta, os autores explicam como um simples vaso ou um grande jardim pode proporcionar abrigo e alimentação aos beija-flores durante todos os meses do ano.

My long association with Johan Dalgas Frisch, born of shared interests, takes on new vitality with the publication of yet another excellent book to which I have the honor to contribute the foreword. My first collaboration with this man who for years has rendered inestimable services to nature took place in 1971, when the musical work *Transamazônica*, which I composed, was included in one of the recordings of wild bird songs he had collected. In 1981, I had the satisfaction of writing the foreword of the first volume of *Aves Brasileiras*, another of Dalgas' achievements and one that contributed much to the advancement of ornithology in Brazil.

Once again it is my privilege to introduce the reader to a new work by Johan Dalgas Frisch, this one written with his son, Christian Dalgas Frisch. In it, the authors describe the magic of hummingbirds and reveal the secrets of how to take advantage of the energy these delicate little birds can transmit. In this book, which can be considered a guide, the authors describe how gardens, parks, orchards, and country e states can become veritable ecological niches, provided they are rationally managed. In clear and direct language, the Dalgases—father and son—explain how either a simple planter or a large garden can provide food and shelter for hummingbirds 12 months a year.

8

Charles Lindbergh - Johan Dalgas Frisch
Brasil - Suriname

O novo trabalho de J. e C. Dalgas Frisch vem à tona numa época em que, mais do que nunca, a degradação da natureza atinge níveis preocupantes. Quando compus *Transamazônica*, procurei transmitir ao ouvinte a saga da conquista do território selvagem por desbravadores que buscavam a Terra Prometida. Hoje, quando trabalho num novo tema musical - Amazônia -, me volto novamente à região atravessada pela velha estrada dos pioneiros, mas com um enfoque completamente diferente do emprestado à época lendária. Não há como vislumbrar heroísmo no fato consumado de, a cada cinco segundos, ser destruída na Bacia Amazônica uma área equivalente a um campo de futebol. Não há como ignorar as derrubadas que já eliminaram do Norte do Brasil mais de 400 mil quilômetros quadrados de florestas virgens, o equivalente a uma vez e meia o tamanho do Estado de São Paulo.

Quando esses dados foram publicados, houve protestos de ecologistas de todo o mundo, gerando tentativas de intervenção, por parte de países desenvolvidos, visando o controle da área considerada prioritária para o equilíbrio ambiental do planeta. Opiniões desencontradas passaram a colidir com a força de argumentações passionais. Nacionalistas exaltados repelem quaisquer perspectivas

This latest book by Johan and Christian Dalgas Frisch makes its appearance at a time when, more than ever, the degradation of the natural environment has reached worrisome levels. When I composed *Transamazônica*, I was trying to convey to the listener the saga of the conquest of the wilderness by explorers who were looking for the Promised Land. Now, as I work on a new musical piece (*Amazônia*), I return to that region that is dissected by the old pioneer highway, but my focus is completely different than that which was given to that legendary era. It is impossible to see heroism in the consummate fact that in the Amazon basin, an area the size of a soccer field is destroyed every five seconds. One cannot ignore the clearing of land that has already wiped out more than 400,000 square kilometers (approximately 155,000 square miles, or an area equivalent to one and a half times the state of São Paulo) of virgin forests from northern Brazil.

When those figures were published, there was a flood of protests from ecologists all over the world, resulting in attempts at intervention launched by the developed nations hoping to control an area considered to be of prime importance to the environmental balance of our planet. Conflicting opinions collided with the force of passionate arguments. Alarmed nationalists reject any suggestion that the Amazon region be made the ward of conser-

quanto à colocação da Amazônia sob custódia de entidades conservacionistas. Preservacionistas radicais exigem a paralisação de projetos de ocupação ou aproveitamento da região, pretendendo transformá-la em vasta e improdutiva reserva natural. Agricultores, pecuaristas e mineradores, ávidos de novas glebas para ampliação de suas atividades, batem-se pelo alargamento das fronteiras que restringem seus horizontes.

Todas essas vozes clamando por seus direitos em coros uníssonos, mas conflitantes, estão representadas em minha sinfonia sobre a Amazônia. Os sons dos metais simbolizam as exigências daqueles que, visando obter recursos para combater a miséria, a ignorância, a sonegação e a corrupção, exigem o desenvolvimento da Amazônia a qualquer custo. Antepondo-se às vibrações dos metais, elevam-se os sons das cordas, que configuram a opinião dos ecologistas radicais, aqueles que não admitem justificativas para destruir o equilíbrio natural e consideram a Amazônia intocável. Sobrepondo-se a tudo estão os efeitos das madeiras (flautas e oboés), que pregam a harmonia. Elas simbolizam a idéia que sempre norteia minha filosofia preservacionista, a do desenvolvimento humano harmonioso, sem agressão à natureza.

A convivência pacífica com a natureza é perfeitamente possível, desde que os ocupantes da Terra - os verdadeiros modeladores de

vationist organizations. Radical conservationists demand the suspension of plans to settle or exploit the region, preferring instead that it be transformed into a vast and unproductive nature preserve. Farmers, ranchers, and miners—eager to grab new tracts of land on which to expand their activities—urge the easing of boundaries that restrict their horizons.

All these voices clamoring for their rights—in unison but within choruses that are singing different songs—are represented in my symphony of the Amazon. The sounds of the percussion instruments symbolize the demands of those who, hoping to obtain funds with which to combat misery, ignorance, tax evasion and corruption, demand that the Amazon region be developed at all costs. In counterpoint to the vibrations of the percussion section, the strings are heard, expressing the opinion of radical ecologists who accept no justification for destroying the balance of nature and consider the Amazon region untouchable. Superimposed over all of this are the woodwinds (flutes and oboes), preaching harmony. They symbolize the idea that has always guided my conservationist philosophy: harmonious human development that does not assault nature.

Peaceful coexistence with nature is perfectly possible, provided the inhabitants of the Earth—the true molders of its structure—learn to respect the ground they believe belongs to them. We find this lesson in Dalgas Frisch's latest book. Once again, he reveals his inti-

sua estrutura - aprendam a respeitar o chão que julgam lhes pertencer. Esse ensinamento está presente no novo trabalho de Dalgas Frisch. Mais uma vez, ele revela sua intimidade com a natureza, mostrando-se um estudioso dedicado e observador atento. Ao acompanhar os beija-flores em sua procura por alimento, os Dalgas descobriram as variedades multicoloridas de flores que os atraem. Da observação dessas aves perceberam toda a magia que ocultam e os benefícios que podem trazer aos seres humanos, capazes de se esquecer das atribuições cotidianas diante da visão dessas criaturas aladas.

Neste livro, Dalgas completa mais um ciclo de sua fecunda existência, oferecendo uma obra admirável.

macy with nature and shows himself to be an apt pupil and attentive observer. By observing the hummingbirds in their search for food, the Dalgases—father and son—discovered the multicolored varieties of flowers that attract them. From watching these birds they have perceived the magic they hold and the benefits they can bring to those mortals who are able to set aside daily responsibilities when presented with the sight of these winged creatures. In this book, Dalgas completes another cycle of his fruitful sojourn in this world by offering us an exemplary opus.

OMAR FONTANA
Presidente executivo
ASSOCIAÇÃO DE PRESERVAÇÃO DA VIDA SELVAGEM
Presidente
TRANSBRASIL S.A. LINHAS AÉREAS

OMAR FONTANA
Executive President
ASSOCIAÇÃO DE PRESERVAÇÃO DA VIDA SELVAGEM
Chairman & CEO
TRANSBRASIL AIRLINES

As páginas de uma paixão...
Pages of a passion...

Lázaro de Mello Brandão

Johan Dalgas Frisch escreve com a matéria-prima dos sonhos. Com imagens de admirável suavidade e paixão, onde se alternam o diálogo com a natureza e uma refinada concepção dos seus mais secretos mistérios, recria um universo pleno de harmonia. Toda a concepção de Johan Dalgas, as suas idéias, a sua tese, converge para a perspectiva da integração plena do homem com o meio ambiente. Ele faz florescer o *Jardim dos Beija-flores*, com espécimes originárias do Brasil, da África, da Austrália, dos Estados Unidos, da Europa, enfim de todo o planeta, como uma metáfora de novos horizontes do futuro.

O segredo que o jardim traz à tona é claro como a luz do dia que encanta e seduz o beija-flor ao longo do seu vasto *habitat*, que se estende por toda a América. Do Alasca à Patagônia, tendo o Brasil como epicentro, o homem pode valer-se de recursos simples para conviver, de forma saudável, com essa singular família de pássaros. Basta despertar para as flores que lhe servem de alimentos e fazê-las brotar nas suas casas, em pequenos jardins, nos parques, nas fazendas, nas cidades do interior. Por toda parte.

O *Jardim dos Beija-flores* de Johan Dalgas é um símbolo que nos toca no que há de mais sensível em nossa memória. Da sua evolução depende, naturalmente, não apenas o destino do beija-flor, mas de todos os pássaros.

Johan Dalgas Frisch writes with the raw material of dreams. With images of admirable delicacy and passion in which dialogue alternates with Nature and a refined concept of its most secret mysteries, he recreates a universe full of harmony. All of Johan Dalgas insight, his ideas, his theories, converge to present a panorama of the full integration of man with his environment. He causes *The Hummingbird Garden* to flourish with specimens native to Brazil, Africa, Australia, the United states, Europe—in short, the entire planet, using it as a metaphor of the new horizons of the future.

The secret the garden reveals is as clear as the light of day that enchants and seduces the hummingbird in its vast natural habitat, which extends throughout the Americas. From Alaska to Patagonia, with Brazil as the epicenter of that habitat, people can employ simple resources that enable them to share a healthy life with this unique family of birds. They need only learn which flowers the birds like to visit, and then grow them near their houses, in little gardens, in parks, on farms, in public squares in small towns. Everywhere.

Johan Dalgas' *The Hummingbird Garden* is a symbol that touches the most sensitive parts of our memories. On its evolution depends, naturally, not only the fate of the hummingbird, but of all birds. Each of the

Lázaro de Mello Brandão

Em cada uma das imagens colhidas durante sete longos anos de trabalho quase artesanal, de laboriosa originalidade, transpira o sentimento de que o beija-flor é apenas um ponto de partida. Seguindo a poesia do seu vôo, viriam mais e mais pássaros. E, nesse ritmo, se construiria uma nova gênese das relações do Homem com a natureza.

O traço distintivo do livro de Dalgas é a sua clarividência quanto às infinitas possibilidade de interação do culto à natureza e o culto ao progresso. Ele tem do progresso um conceito abrangente, extensivo, sobretudo à iniciativa do cidadão comum que, no seu dia-a-dia, pode, com sua ação, dar contribuições vitais para a ecologia.

Outra conclusão inevitável, que nos espreita com poética sabedoria, se projeta para o universo dos poderes públicos. Praças e jardins, não importa se nos grandes centros urbanos ou nas pequenas cidades, deveriam também levar em conta o que a natureza pode oferecer aos pássaros, para evitar que, sem vida natural, se tornem indesejáveis desertos verdes.

Na essência, Dalgas quer ir além do cidadão e do poder público. Em cada imagem, em cada pequenino detalhe, em cada uma das páginas do seu livro, manifesta um sentimento maior que se traduz na paixão pela natureza, sugerindo que há um vínculo indissolúvel a ser redescoberto e reconquistado. Nesse momento é que se pode fixar

images gathered during seven long years of almost craftsman-like work, of laborious originality, conveys the feeling that the hummingbird is merely a starting point. Following the poetry of their flight, more and more birds would come. And thus a new genesis of the relationships between Man and Nature would be constructed.

The distinctive trait of Dalgas' book is its clairvoyance as regards the infinite possibilities of interaction between the cult of Nature and the cult of Progress. He has a comprehensive concept of progress, one that particularly extends to encompass the initiative of the average person who, in his daily life, can by his actions make vital contributions to the cause of ecology.

Another, inevitable, conclusion that dawns on us with poetic wisdom is projected onto the jurisdiction of the public authorities. Whether in large urban centers or in small towns, planners of plazas and gardens must also take into account what nature can offer the birds. Otherwise, bereft of natural life, such areas can become unattractive green deserts.

Basically, Dalgas wants to go beyond the citizen and his government. In each image, in each tiny detail, on each of the pages of his book, he expresses a larger sense that, translated into a passion for Nature, suggests that there is an indissoluble link that must be rediscovered and reconquered. That is the moment when one can fix in time and space the

no tempo e no espaço as múltiplas conotações do *Jardim dos Beija-flores*. Dalgas defende um novo estilo no trato com os pássaros para alcançar justamente as crianças e, através delas, chegar a uma nova realidade, a uma nova versão do futuro.

Ao mergulhar nas páginas do livro de Dalgas não posso deixar de recordar que o conheço a mais de três décadas. Ele pertence a uma rara linhagem de ecologistas, os pioneiros que já nos idos dos anos 60 erguiam a voz em defesa da Amazônia, da flora e da fauna brasileira. Por aqueles anos ocorreram três episódios singulares. No primeiro, Johan Dalgas foi protagonista da localização do lendário uirapuru, a ave que simboliza a felicidade, num ponto perdido da selva, no Acre. No segundo, ele se destacaria como personagem-chave na criação do Parque Nacional do Tumucumaque, na Amazônia.

O terceiro episódio se relaciona com a publicação, em 1964, do livro *Aves Brasileiras*, que se constituiu num marco da consciência ecológica nacional. Nas décadas seguintes, Dalgas, paulista de nascimento, filho de um engenheiro dinamarquês que estudou pintura em Paris e dedicava seu tempo livre para pintar pássaros, se colocaria à frente de inúmeros movimentos em defesa da natureza.

Nessa busca, tem sido essencialmente um preservacionista racional. Quer dizer, tem procurado difundir a tese de que o progresso não é necessariamente predatório. E, pelo contrário, a ecologia é, acima de tudo, uma necessidade econômica, e a qualidade de vida e proteção do meio ambiente, em larga medida, o patrimônio de uma nação. Não é por acaso que os movimentos ecológicos nasceram, floresceram e ganham dinamismo justamente nos países industrializados. É uma conseqüência natural do elevado nível de renda e de educação. É resultado também da necessidade imperativa de renovar as fontes de matérias-primas que mantêm ascendente o fluxo da produção e do consumo.

Tais preocupações são fundamentais para o Brasil dos dias atuais, decisivas para o Brasil de amanhã. País de dimensões continentais,

multiple connotations of *The Hummingbird Garden*. Dalgas advocates a new way of treating birds, specifically designed to reach children and, through them, to arrive at a new reality, a new version of the future.

As I immerse myself in the pages of Dalgas book, I am bound to recall that I have known him for more than three decades. He comes from a rare line of ecologists—the pioneers who, as early as the 1960's, were raising their voices in the defense of the Amazon Region, of Brazilian flora and fauna. Three remarkable episodes occurred during those years. First, Johan Dalgas played a key role in locating the legendary Uirapuru, the bird that symbolizes happiness, in a remote corner of the jungle in the state of Acre. Second, he gained prominence as a driving force in the establishment of Tucunumaque National Park, in the Amazon Region.

The third episode was the publication, in 1964, of his book *Aves Brasileiras* (*Brazilian Birds*), which became a landmark of national ecological awareness. In the subsequent decades, Dalgas, a native of São Paulo state and the son of a Danish engineer who studied painting in Paris and spent his free time painting birds, would stand at the forefront of countless conservation movements.

In that search he has been, essentially, a conservationist, but a rational conservationist. In other words, he has attempted to disseminate the theory that progress is not necessarily predatory; that concern for ecology is dictated by economic necessity; and that the quality of life and protection of the environment constitute, to a large extent, the wealth of a nation. It was not mere coincidence that it was precisely in the industrialized countries that ecological movements were born and flourished. It is a natural consequence of the high income and educational levels that prevail there. It is also the result of an imperative need to renew the sources of raw materials that keep the flow of production and consumption surging.

Such concerns are of fundamental importance for today's Brazil, and decisive for the Brazil of tomorrow. A country of continental dimensions, ranking fifth in the world in terms of area and eighth in the size of

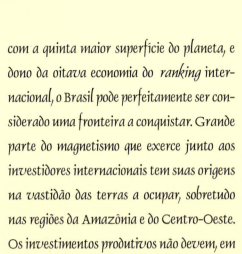

com a quinta maior superfície do planeta, e dono da oitava economia do *ranking* internacional, o Brasil pode perfeitamente ser considerado uma fronteira a conquistar. Grande parte do magnetismo que exerce junto aos investidores internacionais tem suas origens na vastidão das terras a ocupar, sobretudo nas regiões da Amazônia e do Centro-Oeste. Os investimentos produtivos não devem, em hipótese alguma, se transformar num pólo de conflitos incontroláveis, até porque um país como o nosso, que por volta do ano 2020 terá 220 milhões de habitantes, necessita transformar suas riquezas naturais em bens de consumo e, assim, elevar a oferta de empregos, o nível de renda e as taxas de poupança e investimento.

Desse ciclo depende o desenvolvimento auto-sustentado, a modernização econômica e social e, sobretudo, a nossa inserção, de forma saudável, na economia global. Daí, o conceito de harmonia ocupar lugar de relevo em qualquer projeto de desenvolvimento neste fim de século.

O que dá atualidade ao *Jardim dos Beija-flores* é a visão otimista quanto aos horizontes futuros da harmonia das relações entre o progresso e o meio ambiente. Ao dar vida ao jardim dos pássaros, Dalgas Frisch contou com o trabalho fotográfico e pesquisas do seu filho Christian Dalgas Frisch, que dedicou à tarefa o empenho que se devota a uma paixão. E, de fato, é esse sentimento que nos conquista a cada imagem dos beija-flores e seu jardim.

its economy, Brazil can certainly be viewed as a frontier waiting to be conquered. A great part of the attraction it holds for international investors has its origins in the vastness of the lands yet to be settled, especially in the Amazon and West Central regions. Productive investments must not in any eventuality be allowed to become the focal points of unresolvable conflicts, especially because a country like ours, that somewhere around the year 2020 will have 220 million inhabitants, needs to convert its natural resources into consumer goods and thereby boost employment, income levels, and the rates of savings and investment.

Self-sustained development, economic and social modernization, and especially our healthy entry into the global economy depend on this cycle. Hence the concept of harmony occupies a prominent place in any development plan for these final years of this century.

What makes *The Hummingbird Garden* so up-to-date is its optimistic view of the future prospects for harmony in the relationship between Progress and the environment. In giving life to the garden of the birds, Dalgas employed the photography and research skills of his son, Christian Dalgas Frisch, who bent to the task with the diligence one devotes to a passion. And, in fact, it is this sentiment that overcomes us as we admire each image of the hummingbirds and their garden.

LÁZARO DE MELLO BRANDÃO

Presidente honorário
ASSOCIAÇÃO DE PRESERVAÇÃO DA VIDA SELVAGEM
Presidente da Organização
BRADESCO S.A.

LÁZARO DE MELLO BRANDÃO

Chairman
ASSOCIAÇÃO DE PRESERVAÇÃO DA VIDA SELVAGEM
Chairman & CEO
BANCO BRADESCO S.A.

Introdução
Introduction

Este livro é fruto de uma intensa convivência com os extraordinários beija-flores, criaturas dotadas de qualidades excepcionais que as destacam dos demais gêneros alados.

Típicos consumidores do néctar produzido pelas flores, os troquilídeos estão intimamente relacionados com as espécies vegetais que, em troca de alimento, ajudam a polinizar, contribuindo para sua fecundação. Essa interação entre ave e planta, num relacionamento satisfatório para ambas, desencadeou um processo de seleção natural, responsável por adaptações estruturais, fisiológicas e ambientais. Em muitos casos, a ave e a planta que se relacionam adaptam-se para a interação, notando-se que evoluem juntas, ou coevoluem. Assim, um pássaro que come determinado fruto e contribui para a dispersão de suas sementes, ou o colibri que se alimenta do néctar de uma flor e, em troca, realiza sua polinização, estão entrosados em processo de relação coevolucionária.

This book is the result of having lived in close contact with the extraordinary hummingbirds, creatures that are endowed with exceptional qualities that set them apart from other winged species.

Typical consumers of the nectar produced by flowers, the *Trochilidae* are intimately related to the plant species that they help pollinate in exchange for food, thus contributing to their fecundation. This interaction between bird and plant, in a relationship satisfactory to both, has unleashed a process of natural selection that is responsible for structural, physiological, and environmental adaptations. In many cases, the bird and the plant that relate to each other adapt themselves for the interaction and we find that they evolve together, or coevolve. Thus both a bird that eats a certain fruit and helps to disperse its seeds, or a hummingbird that feeds on the nectar of a flower and in exchange accomplishes its pollination, are enmeshed in a coevolutionary relationship.

Não houve quem resistisse ao encanto dos beija-flores.

Colombo descreveu essas criaturas como "pequenas aves... tão diferentes das nossas - são uma maravilha". Em 1520 Cortez escreveu uma carta ao rei Carlos V, da Espanha, em que se confessou extasiado diante do que viu na Cidade do México. Os jardins repletos de aves multicoloridas, entre as quais os beija-flores, o levaram a classificar a cidade como "a mais linda do mundo". Cenas de colibris em vôo ou sugando flores foram registradas pelos astecas em desenhos.

Todos os grandes mestres da zoologia sucumbiram ao charme dos beija-flores e quiseram definir com estilo próprio as características mais notáveis dos troquilídeos. Audubon comparou-os a "fragmentos do arco-íris". Goeldi descreveu-os como "pedras preciosas e flores, convertidas em animais". Buffon qualificou-os como "jóias da Natureza". Foram, contudo, os indígenas americanos que, com seu peculiar poder de observação, melhor souberam denominar esses típicos representantes da avifauna das Américas. Os caraibas batizaram-nos de colibris, cujo significado é "área resplandescente". Os tupis

Mexico City
México

No one can resist the enchantment of hummingbirds. Columbus described these creatures as "little birds...so different from ours—they are a marvel." In 1520, Cortez wrote a letter to King Charles V of Spain, in which he confessed that he had been enthralled by what he saw in Mexico City. The gardens full of multicolored birds—hummingbirds among them—led him to describe the city as "the most beautiful in the world." Scenes of hummingbirds in flight, or sucking nectar from flowers, were recorded by the Aztecs in their drawings.

All the great authorities in zoology have succumbed to the charm of the hummingbird and have tried to describe, each in their own way, the most remarkable characteristics of the *Trochilidae.* Audubon compared them to "pieces of rainbow." Goeldi described them as "precious stones and flowers, transformed into animals." Buffon called them "Nature's jewels."

However, it was the Indians of the Americas who, with their special powers of observation, were best able to name these typical representatives of the ornithological fauna of the Americas. The Caraiba christened them *colibris,* which meant "resplendent area." The Tupy nicknamed them *guainumbis,* or "glittering birds." The Guarani called them *mainumbis,* or

cognominaram-nos de guainumbis, ou "pássa-ros cintilantes". Os guaranis chamavam-nos de mainumbis, ou "aqueles que encantam, junto à flor, com sua luz e resplendor".

Pertencendo à Ordem Apodiformes, a família *Trochilidae* constitui um dos mais numerosos e interessantes grupos da Classe das Aves. Ocorrendo exclusivamente nas três Américas, divide-se em cerca de 320 espécies, que se concentram, em maioria, na América do Sul, de acordo com avaliação obtida em 1945 por J. L. Peters na última revisão completa da família (*Checklist of Birds of the World*, Volume V, Harvard University Press). Várias espécies foram reagrupadas e outras descobertas depois, mas sem mudar muito o resultado final. Não pode ser fixado um número exato, porque muitos casos são mal conhecidos.

Observando-se a morfologia dos beija-flores, saltam à vista características paradoxais, a começar pelo esqueleto, qualificado por Burmeister como o de um raquítico. De fato, no corpo desproporcional, salienta-se pescoço longo e frágil, encimado por crânio grande, de bico longo e órbitas avultadas. No tronco mediano, avoluma-se quilha ampla, dotada de saliência

Vera Cruz

México

"the ones that, perched on a flower, enchant with their light and splendor."

As a member of the order Apodiformes, the family *Trochilidae* is one of the most numerous and interesting groups in the Classification of Birds. Occurring exclusively in the three Americas, the family includes about 320 species, most of them concentrated in South America, according to an evaluation obtained in 1945 by J.L. Peters in the latest complete review of the family *Trochilidae* (*Checklist of Birds of the World*, Volume V, Harvard University Press). A number of species have been regrouped and others were discovered subsequently, but this has not altered the final total very much. It is impossible to cite an exact figure, because little is known of many species.

In observing the morphology of hummingbirds, we are immediately struck by paradoxical characteristics—starting with the skeleton, which Burmeister termed rickety. Indeed, a long and fragile neck topped by a large cranium, a long bill, and large orbits, protrudes from an ill-proportioned body. On the medium-sized trunk swells a broad keel that features an anterior projection, typical of the great flyers. The pelvis is short and broad and the legs, which end in minuscule feet that are

anterior, típica dos grandes voadores. A pélvis é curta e larga, e as pernas, dotadas de pés minúsculos, inúteis para andar, quase desaparecem no conjunto anatômico. Não fosse a beleza da plumagem e as extraordinárias qualidades de voador incansável e bravo combatente, o colibri poderia ser comparado a um anão de corpo atrofiado e físico deplorável. No entanto, por trás dessa aparência de animal aleijado, escondem-se órgãos de atleta insuperável. Seu enorme coração, que representa de 19% a 22% do peso total do corpo, facilita a rápida circulação do sangue. Seus pulmões, grandes, de estrutura simples e destituídos de válvulas, contribuem para a intensa freqüência dos movimentos respiratórios.

A asa, de notável comprimento, se caracteriza pela dimensão da mão, que geralmente é igual ou maior que o tamanho do braço. Os beija-flores não voam com os braços, como as outras aves, mas sim com as mãos.

Os músculos de vôo constituem 25% a 30% do seu peso total, 50% maior que as outras aves.

A especial articulação da espádua permite-lhe arrojadas manobras de vôo, com instantâneas modificações em seus ângulos. Suas fi-

useless for walking, are almost lost in the anatomical picture. Were it not for the beauty of their plumage and their extraordinary qualities as tireless flyers and fierce combatants, the hummingbird could be compared to a dwarf with an atrophied body and a deplorable physique. However, behind this appearance of a crippled animal are concealed the organs of an invincible athlete. A hummingbird's enormous heart, which accounts for 19 to 22 percent of its total body weight, helps the blood circulate rapidly. Hummingbird lungs, large but simple in structure and lacking valves, contribute to the intense frequency of its respiratory movements.

The wings, remarkably long, are characterized by the size of the hand, which is usually equal to or larger than the size of the arm. It is significant to note that hummingbirds do not fly with their arms, as other birds do, but with their hands.

The flight muscles constitute 25 to 30 percent of the total body weight, 50 percent more than in other birds.

The special type of articulation of the scapula permits daring maneuvers in flight and instant modifications in the angles of travel. The muscle fibers of the scapula, which feature a remarkable metabolic capacity, can represent 25 to

bras musculares, de notável capacidade metabólica, chegam a atingir de um terço a um quarto do peso corporal.

Os beija-flores desenvolvem velocidades em média que vão de 30 a 70 quilômetros por hora. A freqüência de vibração das asas pode atingir 50 a 70 vezes por segundo.

Alguns beija-flores, como o *Calliphlox*, alcançam 80 batidas de asa por segundo, produzindo zumbido semelhante ao de abelhas de grande porte.

Os beija-flores não são as aves mais velozes da Terra, esta honra pertence aos falcões peregrinos que voam de 250 a 300 quilômetros por hora durante os mergulhos. Os beija-flores não chegam a voar mais que próximo a 100 quilômetros por hora.

Para se manter em constante ação, os troquilídeos têm necessidade de consumir espantosas quantidades de alimento. Tendo no néctar sua base alimentar, que suplementa com minúsculos insetos capturados, os beija-flores chegam a ingerir, num só dia de atividade, oito vezes o peso de seu corpo. Seu elevado metabolismo exige que se alimente continuamente, para produzir a energia necessária para o carregamento

33 percent of the body weight.

Hummingbirds develop average speeds of from 30 to 70 km/hour (18 to 43 mph). Their wings may beat as frequently as 50 to 70 times per second.

The wings of some hummingbirds, such as the *Calliphlox*, achieve 80 beats per second and produce a buzzing sound like that of large bees.

Hummingbirds are not the fastest birds on earth; that honor belongs to the peregrine falcon, which flies at speeds of 250 to 300 km/hour (155 to 185 mph) during its dives. Hummingbirds cannot normally exceed 100 km/hour (60 mph).

In order to keep themselves constantly in action, the *Trochilidae* must consume amazing quantities of food. Since nectar is their basic sustenance—supplemented by the minuscule insects they capture—hummingbirds can ingest as much as eight times their body weight in a single day of activity. Their high metabolic rate demands that they feed continuously in order to produce enough energy to charge those batteries that constitute their bodies.

Almost all the sugar consumed is absorbed in the hummingbird's body. Its ratio of food absorption is higher than that of any other bird. It can digest whole insects in less than ten minutes.

dessas verdadeiras baterias constituídas por seus corpos.

Quase todo o açúcar consumido é absorvido em seu corpo. Possui o maior raio de absorção de alimento do que qualquer outra ave. Eles têm a capacidade de digerir insetos em menos de dez minutos.

O beija-flor necessita em média de 6.660 a 12.400 calorias por dia. Um beija-flor de 8,4 a 11,2 gramas gasta 35 calorias por minuto. Em uma análise de gastos de calorias um beija-flor consumiu em média 3.810 calorias pousado, 90 caçando insetos, 2.460 bebendo néctar e 300 defendendo seu território, num total de 6.660 calorias; e para obter 6.660 calorias de néctar de fúcsia ele precisa se alimentar em mais de mil flores.

O beija-flor tem um dos maiores cérebros relativos ao seu tamanho, correspondendo a 4,2% do peso do seu corpo. Um beija-flor pequeno tem um coração proporcionalmente maior do que um grande.

No descanso, uma espécie tem 480 batidas por minuto e pode chegar a 1.260. O beija-flor pousado respira 250 a 273 vezes por minuto. Uma pessoa normal respira 16 vezes por minu-

A hummingbird needs an average of 6,660 to 12,400 calories a day. A hummingbird weighing 8,4 to 11,2 grams (0,3 to 0,4 ounces) burns 35 calories a minute. If we were to analyze caloric consumption by an average hummingbird, we would find it burns 3,810 of its daily calories roosting, 90 hunting insects, 2,460 drinking nectar, and 300 defending its territory—a minimum total of 6,660 calories which if obtained from fuchsia nectar would mean the hummingbird would have to visit more than 1,000 flowers.

The hummingbird has one of the largest brains relative to its size; its brain represents 4.2 percent of body weight. A small hummingbird has a heart that is proportionately larger than that of its bigger relatives.

At rest, the heart of one species beats 480 times a minute, but can beat as fast as 1,260 times a minute. When roosting, a hummingbird breathes 250 to 273 times a minute. By comparison, a normal human breathes 16 times a minute. Researchers have found that the hummingbird uses seven times as much oxygen flying then when roosting.

Among warm-blooded creatures, hummingbirds are one of those that need the most calories;

to. Pesquisas mostram que o beija-flor consome sete vezes mais oxigênio voando do que pousado.

Os colibris são, dentre os animais de sangue quente, um dos que mais necessitam de calorias, necessárias também para conservar a temperatura corporal ao redor de 40° a 42°C.

A temperatura da ave é de 40°C, durante o sono pode cair a 19°C. Se um ser humano perdesse a metade da temperatura morreria. A ave não pode voar com menos de 30°C.

O metabolismo da ave diminui durante o calor, pois ela não necessita de tanta energia para se manter quente. A 15,6°C, a ave notívaga gasta apenas 1/50 a 1/60 da energia que usualmente necessita para manter a energia do corpo.

Ao cair da noite os beija-flores cessam suas atividades, entrando em sono letárgico, durante o qual sua temperatura corporal, que durante o dia registra índices elevados, cai para a metade, acompanhando geralmente a temperatura do ar ambiente. É dessa maneira que os troquilídeos fazem a compensação metabólica, suportando o jejum noturno, quando as pulsações do coração, que atingem 1.260 batidas por minuto, em plena atividade (medidas

the calories are also needed to keep body temperature at about 40 to 42° Celsius.

The hummingbird's temperature is 40° Celsius, but can fall to 19° C when asleep. Were a human being to lose half its body heat, it would die. A bird cannot fly if its temperature falls below 30° C.

A bird's metabolic rate slows during hot weather, since it does not need so much energy to keep it warm. At 15.6° C, a nocturnal bird burns only 1/50 or 1/60 of the energy that it would usually need to maintain body functions.

At nightfall, hummingbirds cease their activities and enter a lethargic sleep during which their body temperature, which had reached high levels during the day, drops to about half, usually conforming to the ambient temperature. This is how the *Trochilidae* accomplish metabolic compensation. They can endure the nocturnal fasting when their rate of heartbeat falls from its daytime level of as much as 1,260 beats a minute when fully active (measured by Skutch, on a species of Mexican colibri) to 36 during lethargic sleep.

At dawn, as the atmosphere around them gradually gets warmer, the hummingbirds recu-

por Skutch, em espécie de colibri mexicano), caem para 36, durante o sono letárgico.

Ao amanhecer, com o gradativo aquecimento ambiental, os beija-flores vão se recuperando e, quando a temperatura corporal chega a 30°-39°C, já estão novamente aptos a voar. Embora em regiões de clima quente os troquilídeos não cheguem a hibernar, essa capacidade (juntamente com alguns andorinhões e bacuraus) se manifesta mais intensamente em locais de invernos rigorosos, como, por exemplo, no Chile, onde foram encontrados colibris vivos, abrigados em fendas de rochas, cobertas por neve.

Os beija-flores não entram em torpor todas as noites. Só recorrem a esse método quando suas reservas de energia estão baixas. O torpor pode durar de oito a 14 horas.

Beija-flores maiores podem levar até uma hora para voltar ao normal no dia seguinte. Conforme eles acordam, a batida cardíaca e a respiração aumentam e a temperatura do corpo chega a 30°C. Nesse momento, estão prontos para voar novamente.

Obtendo carboidratos do néctar e proteínas dos insetos, eles não podem cessar suas ati-

perate and when their body temperature reaches 30-39° C, they are once again ready to fly. Although in hot climates the *Trochilidae* do not hibernate, they do have the ability to do so (as do some swifts and nightjars). This is manifested more dramatically in regions where winters are harsh. In Chile, for example, hummingbirds have been found alive after taking refuge in fissures in rocks and being covered by snow.

Hummingbirds do not enter torpor every night; they resort to this method of resting only when their energy reserves are low. This state can last for eight to 14 hours.

It can take the larger hummingbirds as long as an hour to return to normal when they wake up the next day. Their heart rate and respiration increase and their body temperature climbs to 30° C. At that point, they are ready to fly again.

Obtaining carbohydrates from nectar and protein from insects, hummingbirds cannot cease their activities even during the hottest part of the day, the time when most tropical birds retreat to the shade of a grove of trees and nap until late afternoon. The *Trochilidae*'s preference for flowers that offer diluted nectar in concentrations not much higher

vidades nem mesmo nas horas de sol quente, quando a maioria das aves tropicais se recolhe à sombra do arvoredo e sesteia até o entardecer. A preferência dos troquilídeos por flores que possuem néctar diluído, em concentrações pouco superiores a 20%, faz com que não haja concorrência entre eles e as abelhas, por exemplo, cujas necessidades de néctar mais concentrado se situam na faixa dos 70% a 80%. Convém lembrar que o néctar não é, como se pensava até pouco tempo, uma pura solução de açúcar. Recentes pesquisas demonstraram que a maioria dos néctares analisados possuía quantidades variáveis de aminoácidos, que são de grande importância nutritiva para insetos (principalmente borboletas), mas de pouco valor alimentício para beija-flores. Quando os aminoácidos se apresentam em quantidades possíveis de serem detectadas pelas aves, o néctar é evitado pelos colibris.

O espetacular colorido dos beija-flores, em cuja plumagem os tons metálicos rivalizam com iridescências diamantinas, origina-se do fenômeno da refração da luz, através da microestrutura das penas. As mudanças de cores, observadas numa mesma ave, variam de acordo com o ân-

than 20 percent means that there is no competition between them and bees, for example. Bees need a more concentrated nectar, somewhere in the range of 70 to 80 percent. Remember that nectar is not, as was thought until recently, a pure solution of sugar. Later research has shown that most of the nectars analyzed possess varying amounts of amino acids that are of great nutritional importance to insects (particularly butterflies), but of little food value to hummingbirds. When amino acids are present in quantities large enough to be detected by these birds, they avoid that nectar.

The spectacular coloring of hummingbirds, in whose plumage metallic tones vie with diamond-bright iridescences, is the result of the refraction of light by the microstructure of their feathers. The changes in color observed in a single bird vary according to the angle of incidence of sunlight, or with the movements of the body. At times, the effects of these dazzling mutations of color resemble the sparkle of precious stones like the ruby, sapphire, and topaz and these terms are used to designate some species of *Trochilidae*. The brilliance of hummingbird plumage, which frequently imitates the colors of the flowers they visit, has led some naturalists to suggest that it may be a form of protec-

gulo de incidência da luz solar, ou com a movimentação do corpo. Os efeitos dessas deslumbrantes mutações de cores assemelham-se, às vezes, ao cintilar das pedras preciosas, como o rubi, a safira e o topázio, servindo para designar algumas espécies de troquilídeos. O brilho da plumagem dos colibris, que freqüentemente imita o colorido das flores visitadas por eles, tem sugerido a alguns naturalistas uma forma de proteção para aquelas aves que, confundindo-se com as inflorescências, iludem seus predadores habituais: cobras arborícolas, aranhas-caranguejeiras, marimbondos, camaleões e o temível caburé-do-sol (*Glaudicium brasilianum*).

Nenhuma outra ave apresenta iridescências como o beija-flor. No entanto, essa característica não é compartilhada por todos os membros da família (machos ainda imaturos) e muito especialmente pelas fêmeas, quase sempre de plumagem bem diferente da dos machos. O mais interessante é que a brilhante roupagem dos machos é devida a cores estruturais, e não a pigmentares. Além disso, essas cores são altamente direcionais, de modo que

tion for these birds that by blending in with the blossoms, can elude their customary predators: tree snakes, the Brazilian bird spider, wasps, chameleons, and the fearful Ferruginous Pygmy Owl (*Glaudicium brasilianum*).

No other bird features such iridescence as the hummingbird. However, this characteristic is not shared by all members of the family (such as immature males) and, most especially, not by the females; their plumage is almost always very different from that of the males. What is most interesting is that the brilliant apparel of the males is due to structural, not pigmentary, colors. Furthermore, these colors are highly directional, so that for the full splendor of its feathers to be seen, the bird must receive direct light from a source located behind the observer. The least amount of movement is enough to make all color disappear.

It is interesting to note that, contrary to what is the case with most families of birds, in which only the males defend their territories, the *Trochilidae*—both male and female—possess strong notions of territoriality. Certain individuals, regardless of sex, stand guard over their own areas and expel members of the same or different species. When it comes time to mate, the male

para se ver todo o fulgor das penas a ave deve receber iluminação direta proveniente de fonte localizada atrás do observador. Basta um mínimo movimento para toda a cor desaparecer.

É interessante de se observar que, ao contrário da maioria das famílias de aves, nas quais somente os machos defendem seus territórios, os troquilídeos, tanto machos como fêmeas, possuem profundas noções de territorialismo. Determinados indivíduos, sejam de qualquer sexo, vigiam sua própria área, de onde expulsam membros da mesma espécie, ou de espécies diferentes. Chegada a ocasião do acasalamento, o macho costuma cantar, exibindo-se durante horas, em local determinado, pocurando atrair fêmeas das vizinhanças. Como os sons emitidos pelos colibris são extraordinariamente agudos (parecendo-se mais com vocalizações de insetos ou de morcegos), é bastante difícil para o ouvido humano captá-los. Sabe-se, porém, através de análise de sonogramas, que a maioria das espécies de beija-flores desenvolve atividades canoras, que parecem ser monopólio dos machos.

Muitas vezes, os machos se reúnem num mesmo lugar, chamado arena, para competir numa disputa de quem canta, voa e se exibe

usually sings and shows off for hours at a certain site, attempting to attract nearby females. Since the sounds emitted by the hummingbirds are extraordinarily high-pitched (seeming more like the vocalizations of insects or bats), it is rather hard for the human ear to hear them. However, an analysis of sonograms tells us that most species of hummingbirds engage in melodious singing activities that seem to be the monopoly of the males.

Quite often the males gather at a single site, a sort of arena, to compete in a contest to see which one sings, flies, and displays himself the best. The purpose of the competition is to attract a female.

However, it is the female who selects the male for mating.

Once the female has been attracted, the male proceeds to a second phase of the conquest, known as the "nuptial parade," during which he executes acrobatic flights while singing and making noises that sound like poppings and buzzings. Naturalists call these "instrumental music."

This is followed by the pursuit and plumage display phase.

Then the female perches on a branch and the male hovers over her.

melhor. Essa competição tem como objetivo a atração da fêmea. É a fêmea quem escolhe o macho para o acasalamento.

Atraída a fêmea, o macho passa para uma segunda fase da conquista, denominada "parada nupcial", quando executa vôos acrobáticos, ao mesmo tempo em que canta e produz ruídos, parecidos com estalidos e zumbidos, chamados pelos naturalistas de "música instrumental".

Segue-se a fase da perseguição e exibição da plumagem.

Em seguida a fêmea pousa num galho e o macho adeja sobre ela.

Terminado o acasalamento, a fêmea vai embora sozinha para continuar o processo da reprodução. Em alguns casos, o macho pode construir o ninho antes do acasalamento, como mais um recurso para atrair a fêmea.

Existem três tipos básicos de ninhos, cujas características permitem identificar os construtores:

Tipo I: De aparência sólida, em formato de tigela, encontra-se sobre o ramo ou forquilha, geralmente em posição horizontal. O material utilizado para o forro interior é macio e sedoso,

After mating, the female departs alone to continue the reproduction process. Sometimes the male will build the nest before mating, as yet another way to attract a female.

Basically, there are three types of nests, and their characteristics can enable you to identify their builders:

Type I: This bowl-shaped nest looks solid and is found on a branch, or in a crotch formed by two branches, usually in a horizontal position. It is lined with soft, silky material obtained from the floss of bromeliads. The outer part is made from pieces of leaves, lichen, and moss stuck together with the aid of spider and other insect webs, moistened with saliva. The *Trochilidae* are equipped with powerful salivary glands from which they can extract plenty of secretions to use as amalgam for their nest materials. Structures of this type are made by the following genera: *Amazilia, Anthracothorax, Aphantochroa, Augastes, Calliphlox, Clytolaema, Colibri, Eupetomena, Leucochloris, Lophornis, Polytmus, Thalurania,* and *Topaza.*

Type 2: These are found suspended from fine roots that protrude from embankments, or hanging from termite hives or artificial threads (strings, power lines, etc.) Different kinds of hummingbirds

provindo da paina extraída dos gravatás. A parte externa é constituída de pedaços de folhas, líquens e musgo, fixados com o auxílio de teias de aranhas e outros insetos, embebidas em saliva.

Os troquilídeos são dotados de possantes glândulas salivares, de onde extraem abundante secreção para a amálgama dos referidos materiais. Construções desse tipo são feitas pelos seguintes gêneros: *Amazilia, Anthracothorax, Aphantochroa, Augastes, Calliphlox, Clytolaema, Colibri, Eupetomena, Leucochloris, Lophornis, Polytmus, Thalurania* e *Topaza*.

Tipo 2: Pendente de raízes finas, fixadas em barrancos, pendurado em colmos de capim ou fios artificiais (arames, fios elétricos, etc.). O material usado depende da preferência dos gêneros, havendo ninhos feitos com raízes, crina, fibras, paina, etc. São construídos por *Chlorostilbon, Hylocharis, Phaethornis* e *Stephanoxis*.

Tipo 3: De formato alongado, lembrando pé de meia, encontra-se fixado na parte dorsal de folhas de palmeiras, na extremidade de samambaias e helicônias. É típico de gêneros *Chlorestes, Heliothryx* e *Melanotrochilus*.

use different materials; there are nests made of roots, animal hair, fibers, floss, etc. These nests are built by *Chlorostilbon, Hylocharis, Phaethornis,* and *Stephanoxis*.

Type 3: Of elongated shape that reminds one of a stocking, these nests are attached to the undersides of palm tree fronds and the tips of ferns and heliconias. They are typical of the *Chlorestes, Heliothryx,* and *Melanotrochilus* genera.

Hummingbirds lay two tiny white elongated eggs. The incubation period varies with the species, from 12 to 15 days. The young are born with only a minimum of down, have short bills, and are fed a pasty substance regurgitated by the mother. Like any animal experiencing a growth phase, the baby birds require plenty of protein. Hence their food during the first days of life consists 90 percent of insects (mainly Arthropods) and only 10 percent of nectar. The young leave the nest after 20 to 30 days, but stay close by and may even return to the nest at night to sleep.

Hummingbird eyes: These birds have both monocular and binocular vision, which means they can see both to the side and to the front. Human beings have only binocular vision. Therefore, the brain of a hummingbird is able to interpret two

mos que imprime ao vôo, seja pelo típico ruído produzido por suas asas, o colibri justifica plenamente o nome de "pássaro-mosca" (oiseau-mouche), que lhe deram os europeus, ou de "pássaro-zumbidor" (hummingbird), como é conhecido entre ingleses e norte-americanos. Graças à sua extraordinária anatomia, o beija-flor tem capacidade para se deslocar em todos os sentidos, inclusive em marcha a ré. Pode também pairar no ar, como um helicóptero, quando em vôo librado. Adejando em frente de uma flor, para libar-lhe o néctar, o colibri se parece com uma mariposa crepuscular. O naturalista Bates conta, em certo trecho de seu livro sobre a Amazônia, que, em tarefa de coleta de material zoológico, muitas vezes atirou contra mariposas do tipo esfinge, pensando serem beija-flores!

Igor Sirkorski, que inventou o helicóptero, teve suas idéias baseadas na observação contínua do vôo dos beija-flores. No entanto, o helicóptero não pode voar de cabeça para baixo. Os beija-flores podem. A única restrição ao vôo do beija-flor é o planeio, o beija-flor não pode planar. O planeio requer asas maiores.

Specialized Hummingbirds

Os colibris especializados e as flores que freqüentam constituem um dos mais expressivos exemplos de adaptação coevolucionária. Nota-se, quanto às aves, que pertencem a espécies de porte avantajado, equipadas com bicos longos, que podem ser direitos ou curvos. Nas flores, também de grande tamanho, observa-se que os tubos das corolas são longos e, em muitos casos, curvados. O aspecto mais notável dessa especialização reside no fato de o bico da ave se adaptar à corola da flor com perfeita exatidão, reproduzindo ação comparável à de uma chave, que se caseia com a respectiva fechadura. É nas regiões tropicais que se encontram os exemplos mais interessantes dessa adaptação. Salientam-se as helicônias (bananeiras-do-mato), cujas brácteas, em formato de navio, se assemelham ao perfil do bico do beija-flor-de-rabo-branco (Phaethornis pretrei). O mesmo ocorre com a *Salvia guaranitica* (Sálvia-azul), originária do Paraguai e bastante disseminada pelo Sudeste do nosso país. Essa flor possui um equipamento, localizado nos filetes das anteras, que funciona como uma espécie de armadilha que, ao ser acionada pelo colibri visitante, libera o pólen sobre o alto de sua cabeça.

Specialized hummingbirds and the flowers they visit constitute one of the most striking examples of coevolutionary adaptation. Note, as regards the birds, that they belong to larger-size species that are equipped with long bills that can be either straight or curved. As for the flowers, also large in size, it is observed that the tubes of the corollas are long, and in many cases, curved. The most remarkable aspect of this specialization lies in the fact that the birds' bills adapt precisely to the corolla of the flower, just as a key fits into a certain lock. It is in the tropics that one finds the most interesting examples of this adaptation. Note, for example, the Carib heliconias (*H. bihai*), whose ship-shaped bracts resemble the profile of the bill of the Planalto Hermit (*Phaethornis pretrei*). The same thing happens with the *Salvia guaranitica* (Blue Sage), native to Paraguay and rather well distributed throughout southeastern Brazil. This flower has an apparatus in the threads of its anthers that functions like a sort of trap that, when sprung by the visiting hummingbird, releases the pollen onto the crest of the bird's head.

Hummingbird plants produce only a few blossoms at one time, but the high output of nectar compensates for the number of flowers. In some

As plantas troquilógamas produzem poucas flores ao mesmo tempo, compensando a menor quantidade de inflorescências com grande produção de néctar. Em algumas flores especializadas para a polinização por colibris observa-se que as partes masculina e feminina amadurecem em épocas diferentes, fator que aumenta a possibilidade da polinização cruzada. Dentre as plantas troquilógamas, destacam-se as formas das grandes ou semi-herbáceas, dos cipós e das epífitas. Muitas delas são menos aparatosas que as plantas não especializadas, pois não têm necessidade de atrair visitantes ocasionais, sendo freqüentadas por comensais que dependem de suas fontes alimentares por períodos relativamente longos e, em conseqüência, conhecem bem sua localização. Como seus depósitos de néctar estão espalhados por áreas relativamente extensas, os beija-flores especializados não têm condições de demarcar territórios de alimentação. A defesa de flores dispersas representa uma inutilidade, em termos de gastos de energia. A técnica de coleta de néctar dos beija-flores especializados consiste em percorrer uma determinada seqüência de plantas, tal como um caçador faria com sua linha de armadilhas.

flowers that are specially designed for pollination by hummingbirds, one observes that the male and female parts mature in different seasons, a factor that increases the possibility of cross-pollination. Prominent among hummingbird-pollinated plants are the shapes of the large or semi-herbaceous plants, the creepers and epiphytes. Many of these are less showy than the nonspecialized plants, since they do not need to attract occasional visitors, being frequented by dinner guests that depend on their food sources for relatively long periods and, therefore, are very familiar with their location. Because their nectar deposits are scattered over relatively extensive areas, the specialized hummingbirds are unable to mark off feeding territories. Defense of dispersed flowers is unproductive in terms of expenditure of energy. The technique of gathering nectar employed by the specialized hummingbirds consists in following an itinerary through a certain sequence of plants, like a hunter visiting his line of traps.

Beija-flores não Especializados
Nonspecialized Hummingbirds

A principal característica dessas aves consiste no bico, que é curto e direito, medindo entre 12 e 20 milímetros. Alimentam-se, nas regiões tropicais, das mais diversas espécies de plantas, que variam de grandes árvores florestais até ervas rasteiras. Os vegetais não especializados para a polinização por colibris produzem grande quantidade de inflorescências, investindo pouco nos recursos nectaríferos de cada flor. A planta procura atrair o maior número de variedade de beija-flores, desde que é pela quantidade de freqüentadores que poderá garantir suas possibilidades de polinização. Essa produção de flores em massa permite aos colibris não especializados desenvolverem um instinto de territorialidade, defendendo ciumentamente, com bastante facilidade, um pequeno grupo de plantas e, até, um único pé de flor. Essa fixação das aves em torno de poucas flores reduz a dispersão do pólen, diminuindo grandemente as possibilidades da polinização cruzada.

The dominant characteristic of the nonspecialized hummingbirds is the bill, which is short and straight, and ranges from 12 to 20 millimeters in length. In the tropics, they feed on the most diverse species of plants, from large trees in the forest to ordinary creeping plants. Plants not specially adapted for pollination by hummingbirds produce abundant inflorescences and invest little in the nectariferous resources of each flower. The plant tries to attract the largest possible variety of hummingbirds, since it is the number of visitors that will assure its pollination. This massive production of flowers enables the nonspecialized hummingbirds to develop a territorial instinct and to defend jealously, and rather easily, a small group of plants or even a single stalk. This fixation of the birds on a few flowers reduces the dispersion of pollen and greatly diminishes the possibilities for cross-pollination.

Seasonal Factors

Em regiões onde as estações do ano são perfeitamente determinadas ou, pelo menos, existe nítida diferença entre temporadas de secas e chuvas, a florada de qualquer comunidade botânica ocorre em épocas limitadas. Embora existam plantas que produzem flores durante períodos extensos, a maioria delas tem tempo certo para florir. As aves que dependem delas para sua sobrevivência acompanham esses fatores sazonais em deslocamentos de simples nomadismo ou de amplas migrações.

Embora a maioria dos beija-flores brasileiros seja sedentária, verificam-se entre algumas espécies deslocamentos que podem ser de pequena, média ou grande amplitude. É comum que determinado tipo de colibri, que freqüenta um jardim ou parque, desapareça subitamente, mantendo-se ausente da área por períodos de dias ou semanas. As pequenas ausências podem ser atribuídas à descoberta de alguma nova fonte de néctar, localizada nas proximidades, para onde a ave se desloca e lá se mantém, enquanto perdurar a florada. Além dessas movimentações em pequena escala, que poderíamos chamar de nomadismo, certos beija-flores efetuam viagens de caráter migratório. Assim, ocorrem na região Sudeste, ao longo das serras do Mar e da Mantiqueira, migrações chamadas de altitude, quando populações de *Clytolaema, Colibri, Leucochloris* e *Stephanoxis* que vivem em altitudes de 700 a 1.500 metros, descem, na época do outono, para partes mais baixas. Também durante os meses de inverno registram-se migrações de maior amplitude, quando beija-flores que vivem no Sul do país voam para regiões setentrionais. O maior deslocamento constatado foi de 4.500 quilômetros entre o Alasca e o México.

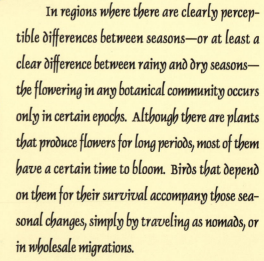

In regions where there are clearly perceptible differences between seasons—or at least a clear difference between rainy and dry seasons—the flowering in any botanical community occurs only in certain epochs. Although there are plants that produce flowers for long periods, most of them have a certain time to bloom. Birds that depend on them for their survival accompany those seasonal changes, simply by traveling as nomads, or in wholesale migrations.

Although most Brazilian hummingbirds are sedentary, we find that some species will travel either short, medium, or longer distances. It is common for a certain type of hummingbird that frequents a garden or park to suddenly disappear and absent itself from an area for days or weeks. Short absences can be attributed to the discovery of some new source of nectar located in the vicinity; the birds switch to it and stay there as long as the flowers are blooming. In addition to these small-scale movements, which we might call nomadism, certain hummingbirds make trips of a migratory nature. So we find in southeastern Brazil along the coastal mountain range and in the Mantiqueira hills, migrations called altitude migrations, in which communities of *Clytolaema, Colibri, Leucochloris* and *Stephanoxis*, that live at altitudes of 700 to 1500 meters (2300 to 4900 feet) above sea level, descend to lower regions in autumn. Also during the winter months we see migrations of greater amplitude (as opposed to altitude), when hummingbirds that live in southern Brazil fly to northern regions. The longest trip recorded was between Alaska and Mexico, a distance of 4,500 kilometers (approximately 2,700 miles).

Alimentação artificial
Artificial feeding

Enquanto as plantas destinadas à alimentação dos troquilídeos não estiverem produzindo flores, ou mesmo como recurso complementar, pode-se recorrer a bebedouros de plástico, contendo mistura de água com açúcar, com a finalidade de atrair colibris. Esse expediente, como toda medida de caráter artificial, pode provocar diversas reações no nicho ecológico escolhido para a experiência. Sob o ponto de vista positivo, a disponibilidade dessa nova fonte de alimento contribuirá para aumentar a população local de beija-flores que, atraída pelos bebedouros, passará a freqüentar o lugar com maior assiduidade, podendo até procriar nas áreas próximas. Há que salientar, contudo, alguns aspectos negativos, entre os quais se destaca o fato de certos colibris se tornarem consumidores exclusivos daquela bebida, comportando-se como verdadeiros viciados. Isso é fácil de observar, por ocasião da limpeza dos frascos, quando as aves voejam, desorientadas, em torno dos locais onde eles se encontram, procurando-os com verdadeiro desespero e demonstrando profunda inquietação. Também o surgimento de garrafas contendo líquido adoçicado atrairá para o local toda uma legião de insetos indesejáveis, que passarão a disputar, com os beija-flores, as benesses do néctar facilmente obtido. Haverá intensa movimentação de formigas, abelhas (tanto nativas como européias), vespas e moscas que, optando pelo novo recurso alimentar, se tornarão de tal modo importunas que poderão até afastar

During periods when plants intended for feeding the *Trochilidae* are not producing flowers, or as a supplementary measure, you can attract these birds by setting up plastic feeding stations containing a mixture of water and sugar. Like any artificial measure, this expedient can provoke different reactions in the ecological niche selected for the experiment. On the positive side, the availability of this new source of food will help increase the local population of hummingbirds. Attracted by the feeders, the birds will frequent the site more assiduously and may even nest in the vicinity. It should be pointed out, however, that there are some negative aspects. Among these is that certain hummers will drink the mixture to the exclusion of other food; they start behaving like addicts. To find out whether this is happening, notice whether, when the bottles have been removed for cleaning, the birds flutter in disoriented fashion around the places where the feeders had been, looking desperately for them and showing that they are greatly upset. Another disadvantage of artificial feeding is that the bottles of sweetened liquid may attract an entire legion of undesirable insects that will compete with the hummingbirds for the benefits of easily-obtained nectar. You will see a heavy traffic of ants, bees (both native and European), wasps, and flies that, in opting for the new food resource, will become so bothersome that they may even drive away the birds for whom the feeders were intended.

Ants are the enemies most easily warded off. Just wrap the strings or wires that suspend the

as aves para as quais os bebedouros foram destinados.

As formigas são os inimigos mais fáceis de afugentar. Basta envolver, com tiras de pano ou barbantes, os fios que pendem as garrafas, impregnando-os com azeite de cozinha ou graxa à base de petróleo. Essas substâncias constituem ótimo repelente para as formigas, que deixarão de utilizar essas vias de acesso aos frascos. Contra insetos voadores a luta é mais problemática.

A arapuá é uma abelha de cor preta, luzidia, medindo de sete a oito milímetros de comprimento, incluindo as asas, por 2,5 milímetros no tórax. Possui abdômen largo, asas fuliginosas, quase pretas na região basal. Tibias e metatarsos superiores também cor de ferrugem. Apesar de desprovida de ferrão, é agressiva, enroscando-se nas roupas e cabelos das pessoas, o que causa desagradável sensação. Além de freqüentar os bebedouros de beija-flores, de onde termina por expulsá-los, causa, em certas épocas do ano, grandes estragos nas plantações de laranjas e figos. Ataca, além das cascas das plantas, as folhas, os brotos novos e, na ocasião da florada, os botões, perfurando-lhes as pétalas com as mandíbulas. Constrói o ninho, que se asseme-

bottles with strips of cloth or lengths of twine that have been soaked in cooking oil or petroleum-based grease. These substances are excellent ant repellents; the pests will stop using those routes to reach the bottles. The battle against flying insects, however, is more problematic.

The bee known as *arapuá* (*Trigona ruficus*) is a glistening black insect measuring 7 to 8 mm long (including the wings) and 2.5mm wide in the thorax. It has a broad abdomen, and rusty-looking wings that are almost black at their base. Its tibias and upper metacarpals are also rust-colored. Although stingless, it is aggressive and burrows into people's hair and clothing, which is an unpleasant sensation. Besides frequenting hummingbird feeders—and eventually driving away the birds—at certain times of the year it does heavy damage to orange orchards and fig trees. It attacks not only the skins of the fruit, but the leaves, new shoots and, in springtime, the new buds. It perforates the petals with its jaws. It builds its nest, which looks like an arboreal termite nest, high in the treetops or on the projecting parts of walls or chimneys. The outer surface of the nest has a wrinkled appearance and varies in color depending on its age. Newly-built arapuá homes are light chocolate

lha a cupinzeiro arbóreo, no alto de árvores ou em saliências de paredes e chaminés. A casa tem superfície externa rugosa, de colorido que varia, segundo a idade, do chocolate claro (para os novos) até o castanho-escuro, para os mais idosos. Só tem um inimigo natural - o pica-pau-branco, ou birro (Melanerpes candidus), que lhe ataca os ninhos, arrombando-lhes as paredes, até alcançar as células centrais, onde se alojam as crias da abelha, de que é ávido consumidor.

Em regiões de lavouras de cana-de-açúcar, na época de vento intenso, a arapuá costuma voar abrigada pelos carreadouros dos canaviais, deslocando-se a meio metro de altura sobre o solo, quando regressa para o ninho carregada de alimento. Em suas visitas de coleta, pode percorrer até 4,5 quilômetros, percurso que faz sempre voando em linha reta. Quando os ninhos estão localizados até 500 metros de distância dos bebedouros, o ataque das arapuás é maciço, não sobrando espaço para os beija-flores. A única forma de combate eficaz consiste na destruição de suas colméias, o que deve ser feito à noite, em ocasiões sem vento. Coloca-se fogo, com mechas embebidas em óleo diesel, fixadas na ponta de longas varas, fazendo-se queimar até o âmago do ninho e concentrando-se a maior in-

brown; they darken with time. The arapuá has only one natural enemy—the white-bellied woodpecker (Melanerpes candidus), which attacks the bees' nests, knocking them off the walls to get its bill into the inner cells where the bee grubs of which it is so fond are found.

During the season of strong winds in regions where sugarcane is grown, the arapuá usually flies about a half meter above the ground in the sheltered space between the rows of cane as it returns to the nest laden with food. It can travel as far as 4.5 kilometers (approximately 1.7 miles) on its harvesting trips, always flying in a straight line. When their nests are within 500 meters (1600 feet) of the hummingbird feeders, the arapuás attack en masse and there is no room left for the hummingbirds. The only effective way of combatting them is to destroy their colonies. This must be done on a windless night. Set fire to the nests using a cloth soaked in diesel fuel and attached to the end of a pole. Burn the hive down to the nub, but be sure to concentrate the flames at the mouth of the hive in order to kill any survivors. Otherwise, after the nest is gone, these survivors will attach themselves to other shelters nearby, where they will be warmly received by the population of sister bees.

tensidade das chamas junto à boca da colméia, para matar os sobreviventes. Estes, perdido o ninho, se agregam a outros abrigos, existentes nas redondezas, onde são bem recebidos pela população de abelhas irmãs.

Para localizar ninhos de arapuás, basta observar a direção em que as abelhas costumam seguir, depois de levantarem vôo dos bebedouros. Elas nunca se desviam da reta traçada entre a ceva e o ponto de origem e, como são de porte avantajado, podem ser seguidas a olho nu. Enquanto não for possível a destruição dos ninhos, pode-se recorrer a expedientes, tais como suspender o abastecimento das garrafas por 30 dias. Nesse interim as arapuás descobrirão novas fontes de alimentação, abandonando as antigas cevas. Outro recurso defensivo consiste em retirar os frascos durante uma semana, recolocando-os aos sábados e domingos.

O uso de bebedouros artificiais exige cuidados dos quais o amador de aves não pode descuidar, sob pena de infectar toda a população de beija-flores que freqüenta sua área. Em primeiro lugar, deve-se prestar especial atenção à mistura que deverá ser oferecida aos traquilídeos.

Renomadas organizações conservacionistas dos Estados Unidos recomendam a se-

When trying to locate arapuá nests, just notice the direction in which the bees usually fly when leaving the feeders. They never detour from the straight line drawn between the food and their point of departure, and since they are rather large, they can be followed with the naked eye. Until you can destroy their nests, you can resort to temporary measures such as not refilling the bottles for about 30 days. During that interval the arapuás will find new sources of food and abandon the former feeding sites. Another step you can take would be to remove the bottles during the week, installing them only on weekends.

The use of artificial hummingbird feeders requires certain precautions that a bird fancier must take if he is not to infect the entire population of hummingbirds in a particular area.

First, pay special attention to the mixture you offer the *Trochilidae*. Prestigious conservationist organizations in the United States recommend the following formula: one part refined white sugar to every four parts of water. Boil the water, add the sugar, wait until it dissolves completely, then let it cool. The mixture should be stored in the refrigerator to keep it from fermenting. The addition of any other substance—such as honey, for example—could cause a fungus to develop that infects the beak and related

guinte fórmula: uma parte de açúcar refinado para cada quatro partes de água. Ferve-se a água, adiciona-se o açúcar, espera-se que dissolva completamente e deixa-se esfriar. A mistura deve ser guardada no refrigerador para evitar a fermentação do néctar. A adição de quaisquer outras substâncias como o mel, por exemplo, pode provocar a proliferação de um fungo que infecta o aparelho bucal dos beija-flores e causa morte por asfixia.

A higienização dos bebedouros é fundamental para garantir a saúde das aves, já que os fungos se formam em frascos sujos. A água com açúcar deve ser trocada diariamente, para evitar fermentação. Pelo menos duas vezes por semana deve-se colocar as garrafinhas em um balde com água e cândida, para desinfetá-las. Também é importante colocar os bebedouros em locais visíveis, onde não existam plantas atrativas para beija-flores.

Uma das grandes vantagens do uso de bebedouros para beija-flores é poder posicioná-los à vontade, atraindo seus usuários para as proximidades das casas ou para locais adequados à sua cômoda observação. Tão logo as aves estejam acostumadas com eles, não se deve mudá-los de lugar. Há tipos de colibris bas-

buccal structures of the hummingbirds, resulting in death by asphyxiation.

It is vital to keep the feeders clean to ensure the health of the birds, since fungi grow in dirty bottles. The sugary water should be replaced daily, to prevent fermentation. At least twice a week, the little bottles should be placed in a bucket with water and chlorine bleach to disinfect them. It is also important to place the feeders in visible places where there are no plants that attract hummingbirds.

One of the big advantages of using hummingbird feeders is that they can be positioned wherever you want them, so as to lure their users nearer to houses or places where they can be comfortably observed. Once the birds are accustomed to them, the feeders should not be moved. Some hummingbirds are rather territorial and will fiercely defend an area against members of the same or related species, in order to protect the flowers or feeder bottles where they are accustomed to feeding. So, since each bottle is truly the "private property" of certain hummingbirds, sudden changes in position will unleash wars for possession of the vital space.

There are other birds besides the Trochilidae that have similar feeding habits and

tante territoriais, que defendem a área bravamente contra representantes da mesma espécie ou outros congêneres, as flores ou o frasco onde estão acostumados a se alimentar. Assim, sendo cada garrafa verdadeira "propriedade particular" de determinados beija-flores, modificações no seu posicionamento desencadeiam verdadeiras guerras pela posse do espaço vital bruscamente alterado.

Existem outras aves, além dos troquilídeos, que, tendo hábitos alimentares semelhantes, também aceitam o néctar contido em bebedouros artificiais. A maioria delas pertence à família dos cerebídeos, destacando-se a cambacica (*Coereba flaveola*), a saíra-beija-flor (*Cyanerpes cyaneus*) e o saí-azul (*Dacnis cayana*). Na região fronteiriça com a Venezuela vive a Diglossa-grande-de-

will also accept nectar offered in artificial feeders. Most of these belong to the family *Coerebidae*. For example, there is the Brazilian Bananaquit *Coereba flaveola*, the Red-Legged Honeycreeper (*Cyanerpes cyaneus*) and the Blue Dacnis (*Dacnis cayana*). In the region near the Venezuelan border, we find the Greater Flower-piercer (*Diglossa major*), which has a hooked bill and a highly specialized technique for obtaining nectar.

Of all these it is the bananaquit, also known as honey-creeper or warbler, that appears at the feeders most frequently. They fly around them, putting forth tremendous effort, until they finally manage to hang from the lowest part of the feeder and suck the sugary liquid. If you want to feed these

roraimai, que possui bico em forma de gancho e dispõe de técnica altamente especializada para obter néctar.

Dentre todas é a cambacica, também conhecida por sebinho, ou mariquita, a que comparece com maior freqüência aos bebedouros, em torno dos quais voeja, fazendo tremendos esforços até conseguir pendurar-se na extremidade inferior e sugar o líquido açucarado. Quem desejar alimentar essas graciosas aves, deve adaptar poleiros a alguns frascos, a fim de facilitar seu acesso às fontes de néctar, bem como alargar os orifícios das garrafas, aumentando o fluxo do líquido. Essa providência, além de facilitar as atividades das cambacicas, as afastará dos bebedouros freqüentados pelos beija-flores, evitando possível concorrência entre as famílias.

amusing birds, you could attach perches to some of the bottles in order to help them reach the sources of the nectar. You might also widen the openings in the bottles to increase the flow of liquid. Doing this will not only make life easier for the bananaquits, but will also keep them away from the feeders used by the humming-birds and thus prevent potential competition be-tween bird families.

Coevolução de Aves e Flores

The Coevolution of Birds and Flowers

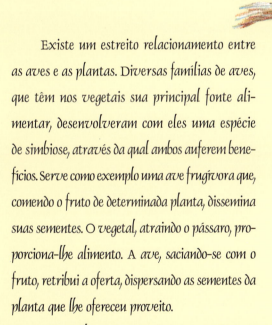

Existe um estreito relacionamento entre as aves e as plantas. Diversas famílias de aves, que têm nos vegetais sua principal fonte alimentar, desenvolveram com eles uma espécie de simbiose, através da qual ambos auferem benefícios. Serve como exemplo uma ave frugívora que, comendo o fruto de determinada planta, dissemina suas sementes. O vegetal, atraindo o pássaro, proporciona-lhe alimento. A ave, saciando-se com o fruto, retribui a oferta, dispersando as sementes da planta que lhe ofereceu proveito.

Essas relações entre aves e vegetais passaram por processo de seleção natural, sofrendo adaptações evolutivas em sua estrutura e sua fisiologia. Quando animal e planta que se relacionam, se adaptaram nesse tipo de interação, costuma-se dizer que evoluíram juntos, ou coevoluíram. O termo coevolução geralmente é empregado quando o relacionamento mútuo é proveitoso para ambos os parceiros.

There is a very close relationship between birds and plants. Several families of birds that find their principal food sources in plants have developed a sort of symbiotic relationship that is beneficial to both. For example, when a fruit-eating bird partakes of the fruit of a certain plant, it scatters the seeds of that plant. The plant, by attracting the bird, furnishes it food. The bird, satiating itself with the fruit, returns the favor by dispersing the seeds of the plant that nourished it.

These relationships between birds and plants entail a process of natural selection and evolutionary adaptation in the structure and physiology of both parties. When animals and plants that interact adapt themselves within this type of interaction, we usually say that they evolved together, or that they coevolved. The term "coevolution" is usually employed when the mutual relationship is advantageous to both partners.

In the course of their coevolution with flowering plants, birds carry out two main types of interaction: one, as consumers of fruits, the seeds of which

Em sua coevolução com as plantas floríferas, as aves desenvolveram dois tipos principais de interação: como consumidoras de frutos que, ao mesmo tempo, propagam suas sementes, e como consumidoras do néctar que, por outro lado, polinizam as flores.

O alicerce do relacionamento entre ave e flor é relativamente simples, mas seus desdobramentos são complexos, havendo ainda muitas dúvidas sobre o assunto. Contudo, ninguém nega a premissa de que a planta oferece alimento para a ave na forma de néctar e que esta, em troca, poliniza a flor. Como inexistem vestígios fósseis, pouco se pode conjecturar sobre a primitiva coevolução entre aves e flores. Acreditam os botânicos e zoólogos que a polinização das flores pelas aves se desenvolveu mais recentemente que a polinização das flores pelos insetos.

A maior parte das famílias de plantas polinizadas por aves apresenta fundamentais diferenças, nos diversos continentes pelos quais se distribui. Também as aves que as polinizam são bastante díspares em suas características. Esses fatos sugerem desenvolvimentos evolucionários independentes, que ocorreram após a formação da maioria das regiões zoológi-

they simultaneously propagate, and the second, as consumers of nectar that also pollinate the flowers.

The foundation of the relationship between bird and flower is relatively simple, but its ramifications are complex and there are still many unanswered questions on this subject. However, no one refutes the premise that plants provide food for birds in the form of nectar and that, in return, birds pollinate the flowers. In the absence of fossil remains, we can conjecture very little about the earliest forms of coevolution between birds and flowers. Botanists and zoologists believe the pollination of flowers by birds developed more recently than pollination of flowers by insects.

Most families of plants that are pollinated by birds exhibit fundamental differences on the various continents where they are found. Also, the characteristics of the birds that pollinate plants are quite dissimilar in terms of their characteristics. This suggests that independent evolutionary developments occurred after most of the zoological regions of the globe were formed. In the Americas, hummingbirds (Trochilidae) are the principal nectar-eaters, assisted to a very minor degree by some other birds such as the bananaquit, dacnises, tanagers, and flower-piercers. The plants pollinated by hummingbirds in South and

cas do Globo. Nas Américas os beija-flores (troquilídeos) constituem os principais nectarívoros, coadjuvados, em proporção muito pequena, por alguns como cambacicas, saís, saíras e diglossas. As plantas polinizadas por colibris, na América do Sul e América Central, pertencem à família das *Musaceae, Bromeliaceae, Acanthaceae, Gesneriaceae, Passifloraceae, Rubiaceae* e *Ericaceae*. As famílias de plantas polinizadas por beija-flores, na América do Norte, são representadas entre outras pelas *Ranunculaceae, Scrophulariaceae, Labiatae, Polemoniaceae* e *Liliaceae*.

Na África os *sunbirds* (nectarídeos) são os principais consumidores de néctar, assim como os *sugarbirds* (Promerops) - estes localizados na África do Sul. As principais famílias de plantas nectaríferas daquele continente incluem as *Liliaceae, Iridaceae, Bignoniaceae, Leguminosae*, e, especificamente na África do Sul, as *Ericaceae* e *Proteaceae*.

Os principais nectarívoros da Austrália são os *honeyeaters (Meliphagidae)* e os periquitos-de-língua-de-escova *(Lorrinae)*, que freqüentam plantas pertencentes às famílias das *Myrtaceae* e *Proteaceae*, cujas flores possuem

Central America belong to the *Musaceae, Bromeliaceae, Acanthaceae, Gesneriaceae, Passifloraceae, Rubiaceae* and *Ericaceae* families. Some of the plant families pollinated by hummingbirds in North America are the *Ranunculaceae, Scrophulariaceae, Labiatae, Polemoniaceae*, and *Liliaceae*.

In Africa, the sunbirds *(Nectaridae)* are the chief consumers of nectar, as are the sugarbirds *(Promerops)*—the latter found in South Africa. The principal families of nectariferous plants on that continent include the *Liliaceae, Iridaceae, Bignoniaceae, Leguminosae*, and—specifically in South Africa—the *Ericaceae* and the *Proteaceae*.

The principal nectar-eating birds in Oceania, including Australia and New Zealand, are the honeyeaters *(Meliphagidae)*, and the brush-tongued parakeets *(Lorrinae)* that frequent plants of the *Myrtaceae* and *Proteaceae* families; the stamens of those plants are open and they are quite different from the flowers with tubular corollas that are typical of tropical America and Africa.

It is well to emphasize that most of the research studies in the past 20 years have focused on the coevolutionary interaction between hummingbirds and their flowers, while the nectar-eating birds of Af-

estames abertos, sendo bastante diferentes das flores de corolas tubulares, típicas da América e da África tropicais.

Convém frisar que a interação coevolucionária entre os colibris e suas flores tem sido objeto da maioria das pesquisas realizadas nos últimos 20 anos, enquanto as aves nectarívoras da África e da Austrália mereceram poucos estudos.

Como fenômeno cientificamente reconhecido, a ornitofilia foi determinada por Trelease, durante os dois últimos decênios do século XIX. Sucederam-no os estudos de Johw (1900), Fries (1903) e Werth (1915). Foram, contudo, os trabalhos de Porsch, em 1920, que projetaram a ornitofilia como fato aceito por botânicos e zoólogos, não obstante sua origem continue, até hoje, passível de discussões.

Dentre todas as aves nectarívoras já citadas, os troquilídeos foram os que atingiram o máximo da adaptação. Ao que parece, eles foram primitivamente insetívoros, adotando, com o correr do tempo, hábitos alimentares que elegeram o néctar como principal fonte de energia. Essa presunção é corroborada pelo fato de os filhotes dos beija-flores serem alimenta-

rica and Oceania have been given little scientific attention.

This interaction, known as ornithophilia, was recognized as a scientific phenomenon by Trelease during the last two decades of the 19th century. This was followed by studies by Johw (1900), Fries (1903), and Werth (1915). However, it was the studies by Porsch, in 1920, that projected ornithophilia as a fact accepted by botanists and zoologists. Nevertheless, the origin of this phenomenon is still open to discussion.

Of all the nectariferous birds mentioned above, the Trochilidae have achieved the maximum degree of adaptation. It seems that they were originally insectivores, but over time, they adopted eating habits that favored nectar as the main source of energy. This presumption is corroborated by the fact that hummingbird young are fed large portions of proteins in the form of insects, but only small quantities of carbohydrates, represented by the nectar. Another conjecture concerning the observed change in the Trochilidae diet is that as they captured insects that had been attracted to flowers by their nectar—as they still do today—they accidentally discovered and then began to protect the substance

dos com grandes parcelas de proteínas, fornecidas por insetos e pequenas quantidades de carboidratos, representados pelo néctar. Outra conjectura sobre a mudança verificada na dieta dos troquilídeos é que, caçando insetos atraídos pelo néctar das flores - como ainda fazem, na atualidade, descobriram acidentalmente e passaram a proteger essa substância que se tornou a base de sua alimentação. Alguns autores defendem a idéia de que a descoberta das reservas de néctar se deve à procura, pelos beija-flores, de água para beber, acumulada no interior de flores da mata, ambiente onde, muitas vezes, é difícil a localização de fontes naturais. Quaisquer que tenham sido as origens da ornitofilia, não se pode negar o papel utilitário que os colibris desempenham na polinização de centenas de espécies vegetais. O botânico João S. Decker, pesquisando na região Sul do Brasil, em 1934, levantou cerca de 58 famílias de plantas, subdivididas em mais de 200 espécies, que são comprovadamente polinizadas por beija-flores.

Existem profundas diferenças entre as flores polinizadas por aves e as polinizadas that became the basis for their nutrition. Some authors argue that the discovery of the reserves of nectar was due to hummingbirds having looked inside jungle flowers for accumulated rainwater to drink in an environment where it is often hard to find natural sources of water. Whatever the origins of ornithophilia, one cannot question the useful role played by hummingbirds in the pollination of hundreds of plant species. Botanist João S. Decker, when studying the southern region of Brazil in 1934, surveyed about 58 plant families, subdivided into more than 200 species, that are proven to have been pollinated by hummingbirds.

There are profound differences between flowers that are pollinated by birds and those pollinated by other creatures. Entomophilous flowers, i.e., those pollinated by insects, are distinguished by their relatively inconspicuous coloring and by a rather pronounced fragrance. Intended to attract insects, which see colors poorly but have a well-developed sense of smell, these flowers developed resources especially suited to their guests. On the other hand, plants pollinated by bats (chiropterophilous) feature blossoms that open at nightfall and emit a nauseating smell that is greatly appreciated by those mammals.

por outros animais. As flores entomófilas, polinizadas por insetos, distinguem-se pelo colorido pouco conspícuo e pelo odor bastante pronunciado. Destinadas à atração de insetos, que pouco discernem cores, mas que são dotados de olfato apurado, elas desenvolveram recursos especialmente destinados a seus hóspedes. Já as plantas polinizadas por morcegos (quirópteros) caracterizam-se por floradas que se abrem ao cair da noite, exalando cheiro nauseabundo, bastante apreciado por aqueles mamíferos.

As flores troquilógamas são caracterizadas pelos seguintes atributos:

1. Florescência diurna.

2. Ausência de odor (com raras exceções).

3. Produção de néctar abundante trazido à superfície por sistema capilar. Teor com concentração de 15% a 25% de açúcar dissolvido.

4. Cores vívidas, havendo predominância da coloração vermelha. Outros coloridos, apresentados em ordem decrescente, como fator de atração, são o amarelo, alaranjado, branco e azul.

5. Corola tubular, com nectários na base do tubo. Anteras e estigmas posicionados próximos da entrada do tubo.

6. Flor constituída por tecido espesso, sendo a

Flowers that appeal to hummingbirds are characterized by the following attributes:

1. Blooms are open during the daytime hours

2. Absence of fragrance (with rare exceptions)

3. Abundant production of nectar, which is brought to the surface by a capillary system. Dissolved sugar content of 15 to 25 percent.

4. Vivid colors, reddish coloration predominating. Other colors, listed in order of decreasing attractiveness, are yellow, orange, white, and blue.

5. Tubular corolla, with nectaries at the base of the tube. Anthers and stigmata positioned near the entrance of the tube.

6. Flower composed of thick tissue, with the base of the tube of the corolla protected by a thick chalice, or perhaps by bracts.

Hummingbirds have diurnal habits; they visit the flowering parts of plants that open at daybreak. Their sense of smell is not very keen; this is why hummingbird flowers have no fragrance. However, like all birds, they are able to distinguish colors. The retina of the hummingbird has two kinds of cells, known as cones and rods. The cones collect information on light and its different wave lengths—which constitute the colors—translating these into messages that are transmitted to the

base do tubo da corola protegida por cálice grosso, ou ainda por brácteas.

Os beija-flores são aves de hábitos diurnos, freqüentando inflorescências que se abrem ao clarear da aurora. Seu olfato é bastante deficiente, sendo essa a razão de as flores troquilógamas não possuírem odor. Porém, como todas as aves, eles são capazes de distinguir cores, possuindo na membrana interna do globo ocular (retina) duas espécies de células, denominadas cônicas e cilíndricas. As cônicas colhem informações sobre a luz e seus diferentes comprimentos de onda - que constituem as cores -, traduzindo-as em mensagens transmitidas ao cérebro. As células cilíndricas interpretam os graus variáveis da intensidade da luz - que formam o brilho -, não tendo, contudo, capacidade para distinguir cores. As retinas da maioria dos mamíferos (com exceção do homem e do macaco) não contêm células cônicas, o que os impossibilita de enxergar a coloração dos objetos.

O interesse dos beija-flores por determinada cor não é absoluto. Apesar da preponderância do vermelho nas flores troquilógamas, os colibris visitam com certa assiduidade inflorescências brancas. Recentes observações

brain. The rods interpret the varying degrees of intensity of light—which produce the shine—but do not have the ability to distinguish colors. The retinas of most mammals (except humans and monkeys) do not contain conical cells, which means they cannot see the coloration of objects.

Hummingbirds' interest in a particular color is not absolute. Although red predominates among hummingbird flowers, the creatures visit white blossoms with a certain assiduity. Recent experimental observations have shown that hummingbirds can be conditioned to the coloration of the flowers they usually patronize, and that the quality of the nectar can prevail over the attractiveness of color in a decision on the choice of a food reservoir. Also, the vegetation that appears in the background of the blossoms plays an important role in the identification of colors. Red stands out sharply against green foliage. Other hummingbird plants, those with less vivid foliage, decorate themselves with yellow flowers, which are considered as immediately complementary to the red ones. The hummingbirds' high degree of sensitivity to red suggested to one American researcher that red flowers could be likened to highway signs that advise travelers as to the availability of good places to eat.

Árvores
Trees

Espatódea   **African Tulip Tree**   *Spathodea nilotica*

Espatódea   Beija-flor-de-rabo-branco

African Tulip Tree   **Planalto Hermit**

Spathodea nilotica   *Phaethornis pretrei*

Ipê-rosa

Pink Trumpet Tree

Tabebuia avellanedae var. paulensis

Tesourão

Swallow-tailed Hummingbird

Eupetomena macroura

62

Ipê-roxo

Purple Trumpet Tree

Tabebuia avellanedae

Ipê-amarelo   Golden Trumpet Tree   *Tabebuia ochracea*

Ipê-branco

White Trumpet Tree

Tabebuia roseo alba

Pg. 67

Jacarandá-mimoso

Mimosa Leaved-Ebony

Jacaranda mimosaefolia

66

Paineira   **Floss Silktree**   *Chorisia speciosa*

Bombax
Red Silk-Cotton
Bombax ceiba

Garganta-rubi
Brazilian Rubi
Clytolaema rubricauda

pg. 72

Árvore-orquídea
Hong Kong Orchid Tree
Bauhinia blakeana

Árvore-orquídea
Hong Kong Orchid Tree
Bauhinia blakeana

Unha-de-vaca-branca
White Orchid Tree
Bauhinia variegata candida

73

Mulungu   **Coral Tree**   *Erythrina velutina*

74

Suinã-do-litoral **Candelabrum Coral Tree** *Erythrina speciosa*   Beija-flor-verde-do-peito-azul **Sapphire-spangled Emerald** *Amazilia lactea*

Suinã

Coral Tree

Erythrina verna

Pg. 79

Floresta de Foz do Iguaçu

Foz do Iguaçu Rain Forest

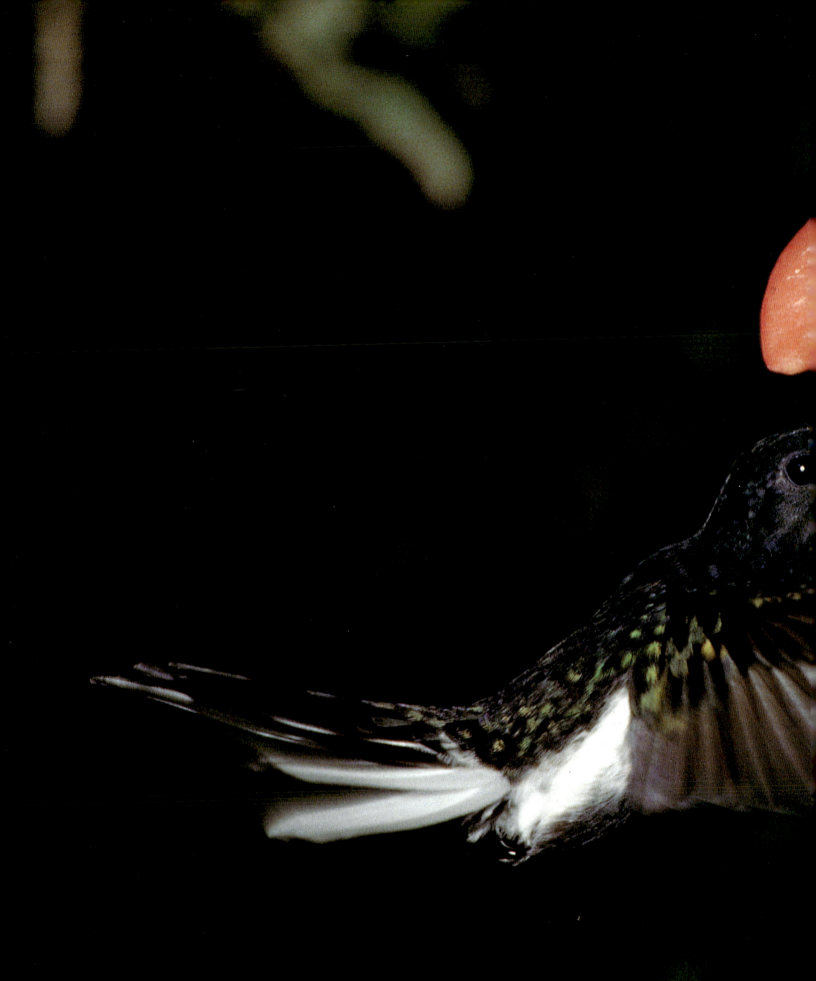

Corticeira
Cockspur Coral Tree
Erythrina crista-galli

Beija-flor-preto-de-rabo-branco
Black Jacobin
Melanotrochilus fuscus

Sibipiruna

Caesalpinae

Caesalpinae peltophoroides

Ingá

St. John's Bread

Inga luschnanthiana

Pg. 84 - Amércia   **Queen of Flowering Trees**   *Amherstia nobilis*   Beija-flor-verde-furta-cor   **Versicolored Emerald**   *Amazilia versicolor*

85

Braúnea-laranja
Mountain Rose
Brownea macrophylla

Estrela-verde-azulado
Stripe-breasted Starthroat
Heliomaster squamosus

Braúnea-vermelha

Rose of Venezuela

Brownea grandiceps

Pg. 89

Castanha-da-Austrália

Moreton Bay Chestnut

Castanospermum australe

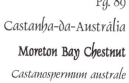

Flamboiã   **Royal Poinciana**   *Delonix regia*

Escova-de-garrafa
Bottle Brush
Callistemon sp.
Verdinho-do-bico-vermelho
Glittering-bellied Emerald
Chlorostilbon aureoventris

Pg. 92
Cabreúva-vermelha
Myroxylon
Myroxylon peruiferum

Eucalipto-vermelho   Red Flowering Gum   *Eucalyptus ficifolia*

Gmelina

Snapdragon Tree

Gmelina arborea

Arbustos e Plantas Herbáceas

Herbs and Shrubs

Sanquésia
Sanchezia
Sanchezia nobilis
Beija-flor
Hummingbird
Amazilia sp.

Ruélia-rosa   **Monkey Plant**   *Ruellia makoyana*

Erantemo   **Blue Sage**   *Eranthemum nervosum*

Beija-flor-de-orelha-violeta   **White-vented Violetear**   *Colibri serrirostris*

Asistásias   **Coromandels**   *Asystásia spp.*

Planta- camarão

Shrimp Plant

Beloperone guttata

Beija-flor-verde

Violet-cappet Woodnymph

Thalurania glaucopis

Camarão-amarelo

Lollypops

Pachystachys lutea

Beija-flor-papo-branco

White-throated Hummingbird

Leucochloris albicollis

Afelandra-amarela
Beija-flor-de-orelha-violeta

Zebra Plant
White-vented Violetear

Aphelandra squarrosa
Colibri serrirostris

Beija-flor-papo-branco   White-throated Hummingbird   *Leucochloris albicollis*

Afelandra-vermelha

Red Aphelandra

Aphelandra tetragona

Tesourão

Swallow-tailed Hummingbird

Eupetomena macroura

Afelandra-coral

Coral Aphelandra

Aphelandra sinclairiana

Justícia-amarela
Yellow Justicia
Justicia aurea
Tesourão
Swallow-tailed Hummingbird
Eupetomena macroura

Justicia-rosa

Flamingo Plant

Justicia magnifica

Jacobinia-vermelha   **Cardinal's Guard**   *Pachystachys coccinea*

Beija-flor-de-rabo-branco   **Planalto Hermit**   *Phaethornis pretrei*

Odontonema   **Firespike**   *Odontonema strictum*

Capota-vermelha   **Brazilian Red-Cloak**   *Megaskepasma erythrochlamys*

Lírio-vermelho   **Belladonna Lily**   *Amaryllis belladonna*

Alstroeméria **Parrot Alstroemeria** *Alstroemeria psittacina*   Beija-flor-papo-branco **White-throated Hummingbird** *Leucochloris albicollis*

113

Chapéu-de-Napoleão   *Yellow Oleander*   *Thevetia peruviana*

Rabo-branco-da-mata   **Scale-throated Hermit**   *Phaethornis eurynome*

Maria-sem-vergonha   **Patient Lucy**   *Impatiens walleriana*   Beija-flor-preto-de-rabo-branco   **Black Jacobin**   *Melanotrochilus fuscus*

Tecomária   Cape Honeysuckle   Tecomaria capensis

Garganta-rubi   **Brazilian Rubi**   *Clytolaema rubricauda*

Biri   Indian Shot   *Canna indica*

Beija-flor-papo-branco **White-throated Hummingbird** *Leucochloris albicollis*

Diadema   **Stifftia**   *Stifftia chrysantha*

Beija-flor-de-rabo-branco   **Planalto Hermit**   *Phaethornis pretrei*

Pedilanto   **Zigzag Plant**   *Pedilanthus tithymaloydes "Variegatus"*

Gloxinia   **Bolivian Sunset**   *Gloxinia sylvatica*   Verdinho-do-bico-vermelho   **Glittering-bellied Emerald**   *Chlorostilbon aureoventris*

123

Tesourão **Swallow-tailed Hummingbird** *Eupetomena macroura*

Bananeira-do-mato **Heliconia** *Heliconia sp.*

Bananeira-do-mato **Heliconia** *Heliconia sp.*   Beija-flor-papo-branco **White-throated Hummingbird** *Leucochloris albicollis*

Bananeirinha-do-mato **Yellow Heliconia** *Heliconia hirsuta*

Bananeira-do-mato **Heliconia** *Heliconia sp.*   Beija-flor-de-rabo-branco **Planalto Hermit** *Phaethornis pretrei*

128

Gladiolo
Garden Gladiolus
Gladiolus hybridus

Beija-flor-preto-de-rabo-branco
Black Jacobin
Melanotrochilus fuscus

Pg. 130
Sálvia-azul
Blue Sage
Salvia guaranitica

Tesourão
Swallow-tailed Hummingbird
Eupetomena macroura

Sálvia-vermelha
Scarlet Sage
Salvia splendens

Beija-flor-preto-de-rabo-branco
Black Jacobin
Melanotrochilus fuscus

Caliandra-vermelha

Mexican Flame Bush

Calliandra tweedii

Beija-flor-papo-branco

White-throated Hummingbird

Leucochloris albicollis

Pg. 132

Caliandras

Powder Puffs

Calliandra spp.

133

Caliandra-rosa   Tesourão
Pink Calliandra   Swallow-tailed Hummingbird
Calliandra surinamensis   *Eupetomena macroura*

Bauinia-vermelha
Pride of the Cape
Bauhinia galpinii

Beija-flor-de-ouro
Gilded Hummingbird
Hylocharis chrysura

136

Flamboiãnzinho
Dwarf Poinciana
Caesalpinia pulcherrima

Beija-flor-papo-branco
White-throated Hummingbird
Leucochloris albicollis

Babosa   Medicine Plant   *Aloe sp.*

Agapanto   **Blue African Lily**   *Agapanthus africanus*

Garganta-rubi   **Brazilian Rubi**   *Clytolaema rubricauda*

Dracena

Dracaena

Cordyline congesta

Pg. 141

Beija-flor-grande-do-mato

Saw-billed Hermit

Ramphodon naevius

Erva-de-bicho   *Cuphea*   *Cuphea speciosa*

Pantanal de Mato Grosso   The Pantanal of Mato Grosso

Erva-de-bicho   **Cuphea**   *Cuphea speciosa*

143

Lanterna-japonesa **Weeping Chinese Lantern** *Abutilon megapotamicum*   Beija-flor-de-topete-verde **Black-breasted Plovercrest** *Stephanoxis lalandi*

144

Sininho   **Spotted Flowering Maple**   *Abutilon venosum*

Hibisco
Chinese Hibiscus
Hibiscus rosa-sinensis

Hibisco-lanterninha
Japanese Lantern
Hibiscus schizopetalus

Malvavisco

Turk's Cap

Malvaviscus arboreus

Beija-flor-preto-de-rabo-branco

Black Jacobin

Melanotrochilus fuscus

Caetê-vermelho

Red Arrow-root

Stromanthe sanguinea

Tesourão

Swallow-tailed Hummingbird

Eupetomena macroura

Bananeira-de-jardim   Beija-flor-de-rabo-branco

Flowering Banana   **Planalto Hermit**

Musa violascens   *Phaethornis pretrei*

Jasmim-amarelo

Yellow Jasmine

Jasminum mesnyi

Beija-flor-preto-de-rabo-branco

Black Jacobin

Melanotrochilus fuscus

Pg. 153

Brinco-de-princesa

Fuchsia "Lady's Eardrops"

Fuchsia híbrida

Garganta-rubi

Brazilian Rubi

Clytolaema rubricauda

Mata Atlântica

Atlantic Rain Forest

Pg. 155

Brinco-de-princesa-do-mato

Fuchsia

Fuchsia regia

Beija-flor-de-papo-branco

White-throated Hummingbird

Leucochloris albicollis

Pg. 156-157

Grevilea-anã

Banks Grevillea

Grevillea banksii

Hamélia   Verdinho-do-bico-vermelho

Scarlet Bush   **Glittering-bellied Emerald**

Hamelia patens   *Chlorostilbon aureoventris*

Ixora

Flame of the Woods

Ixora chinensis

Pentas

Egyptian Star-clusters

Pentas spp.

Mussaenda-amarela   **Yellow Mussaenda**   *Mussaenda montana*

Mussaenda-vermelha   **Ashanti Blood**   *Mussaenda erythrophylla*

Russélia
Fountain Plant
Russelia equisetiformis
Garganta-rubi
Brazilian Rubi
Clytolaema rubricauda

164

Estreptosolen   **Marmalade Bush**   *Streptosolen jamesonii*

Saca-rolha   **Helicteres**   *Helicteres sacarolha*

Tumbergia-arbustiva   **King's Mantle**   *Thunbergia erecta*

Capuchinha-grande   **Nasturtium**   *Tropaeolum majus*

Chapéu-chinês-vermelho   **Red Chinese Hat Plant**   *Holmskioldia sanguinea*

Verdinho-do-bico-vermelho   **Glittering-bellied Emerald**   *Chlorostilbon aureoventris*

170

Chapéu-chinês-amarelo   **Yellow Chinese Hat Plant**   *Holmskioldia sanguinea aurea*

Duranta   **Pigeon-Berry**   *Duranta repens*   Besourinho-ametista   **Amethyst Woodstar**   *Calliphlox amethystina*

Lantanas   **Shrub Verbenas**   *Lantana spp.*   Besourinho-ametista   **Amethyst Woodstar**   *Calliphlox amethystina*

Lantanas   Shrub Verbenas   Lantana spp.

Pg. 174

Alpinia

Shell Ginger

Alpinia zerumbet

Lágrima-de-moça

Scarlet Ginger Lily

Hedichium coccineum

Beija-flor-verde-furta-cor

Versicolored Emerald

Amazilia versicolor

Trepadeiras
Climbers

Beija-flor-verde

Violet-capped Woodnymph

Thalurania glaucopis

Jasmim-brilhante

Confederate Jasmine

Trachelospermum jasminoïdes

Unha-de-gato

Cat's Claw

Doxantha unguis-cati

Sete-léguas **Port St. John's Creeper** *Podranea ricasoliana*

Flor-de-São-João   **Flame Vine**   *Pyrostegia venusta*

Madressilva

Japanese honeysuckle

Lonicera japonica

Pg. 187
Escovinha-vermelha-de-macaco

Red Burning Brush

Combretum grandiflorum

Beija-flor-de-rabo-branco

Planalto Hermit

Phaethornis pretrei

Escova-de-macaco

Burning Brush

Combretum coccineum

Mutisia-vermelha
Red Mutisia
Mutisia coccinea

Beija-flor-verde-do-peito-azul
Sapphire-spangled Emerald
Amazilia lactea

Mutisia-rosa
Pink Mutisia
Mutisia sp.

Beija-flor-verde
Violet-cappet Woodnymph
Thalurania glaucopis

Pg. 191
Mata Atlântica
Atlantic Rain Forest

Beija-flor-de-topete-verde

Black-breasted Plovercrest

Stephanoxis lalandi

Pg. 193

Ipomea

Morning Glory

Ipomea horsfalliae

Glicinia   Beija-flor-papo-branco

Chinese Wisteria   **White-throated Hummingbird**

Wisteria sinensis   *Leucochloris albicollis*

Pg. 195

Flama-da-floresta

New Guinea Creeper

Mucuna bennetii

Tumbérgia-azul

Clock Vine

Thunbergia grandiflora

196

Sapatinho

Yellow Thunbergia

Thunbergia mysorensis

Lágrima-de-Cristo-vermelha
Glory Bower
Clerodendrum speciosum

Beija-flor-papo-branco
White-throated Hummingbird
Leucochloris albicollis

Clerodendro-vermelho

Red Clerodendrum Vine

Clerodendrum splendens

Garganta-rubi

Brazilian Rubi

Clytolaema rubricauda

Lágrima-de-Cristo

Bleeding Heart Vine

Clerodendrum thomsonae

Beija-flor-papo-branco

White-throated Hummingbird

Leucochloris albicollis

Flor-de-São-Miguel   **Purple Wreath**   *Petrea volubilis*

Flor-de-São-Miguel-branca   **White Wreath**   *Petrea volubilis alba*

Bromélias

Bromeliads

Pg. 207
Bromélia
Bromeliad
Neoregelia carolinae

Bromélia
Bromeliað
Aechmea sp.

Bromélia
Frienðship Plant
Billbergia sp.

Pg. 209
Bromélia
Bromeliað
Aechmea sp.
Beija-flor-de-topete
Frilleð Coquette
Lophornis magnifica

Bromélia

Bromeliad

Aechmea sp.

Pg. 211

Abacaxi-vermelho

Red Pineapple

Ananas bracteatus striatus

Verdinho-do-bico-vermelho

Glittering-bellied Emerald

Chlorostilbon aureoventris

Vriésia   Giant Vriesea   *Vriesea imperialis*

Cravo-do-mato   **Bromeliad**   *Tillandsia stricta*   Beija-flor-de-orelha-violeta   **White-vented Violetear**   *Colibri serrirostris*

Cactos

Cactus

Pg. 217

Palma-doce

Cochineal Cactus

Nopalea cochenillifera

Flor-de-maio   Beija-flor-papo-branco

Thanksgiving Cactus   **White-throated Hummingbird**

Zygocactus truncatus   *Leucochloris albicollis*

Flor-de-outubro

Easter Cactus

Rhipsalidopsis gaertnerii

219

Orquídeas
Orchids

Pg. 223

Boca-de-dragão

Epidendrum Orchid

Epidendrum sp.

Boca-de-dragão
Epidendrum Orchid
Epidendrum sp.
Beija-flor-preto-de-rabo-branco
Black Jacobin
Melanotrochilus fuscus

Boca-de-dragão
Epidendrum Orchid
Epidendrum sp.
Beija-flor-preto-de-rabo-branco
Black Jacobin
Melanotrochilus fuscus

Boca-de-dragão
Epidendrum Orchid
Epidendrum sp.
Besourinho-ametista
Amethyst Woodstar
Calliphlox amethystina

Orquidea   Garganta-rubi

Orchid   **Brazilian Rubi**

Laeliocattleya hybrida   *Clytolaema rubricauda*

226

Orquídea   Garganta-rubi

Orchid   **Brazilian Rubi**

Cattleya sp.   *Clytolaema rubricauda*

227

Pg. 233

Abacaxi

Pineapple

Ananas comosus

Flor do mamoeiro   **Papaya**   *Carica papaya*

234

Flor da bananeira **Common Banana** *Musa sp.*

Pg. 237 - Garganta-rubi **Brazilian Rubi** *Clytolaema rubricauda*

Jambo-vermelho

Rose Apple

Syzygium malaccense

Pg. 238

Beija-flor-de-orelha-violeta

White Vented Violetear

Colibri serrirostris

239

Flor do maracujazeiro   **Passion Flower**   *Passiflora sp.*

Maracujazeiro-de-flor-vermelha   **Giant Granadilla**   *Passiflora quadrangularis*

Flor da romãzeira

Pomegranate

Punica granatum

Beija-flor-verde

Violet-cappet Woodnymph

Thalurania glaucopis

Flor do cafeeiro
Arabian Coffee
Coffea arabica

Laranjeira

Orange

Citrus sinensis

Jardinagem para atrair Beija-flores

Gardening to attract Hummingbirds

Um dos paradoxos observados na maioria dos jardins urbanos, e até em parques situados nas áreas rurais, é o fato de que eles, em função de atração para animais silvestres, constituem autênticos desertos vegetais. São quase sempre áreas destinadas à satisfação de interesses estéticos, sem a mínima preocupação com finalidades ecológicas.

Ao fazer um projeto de paisagismo ou simplesmente melhorar seu jardim é importante saber acrescentar certas espécies de plantas que ao florescer criam para o seu prazer um *habitat para beija-flores*. Mesmo vasos ou jardineiras com variedades certas poderão ser um chamado para esses pequenos pássaros. Existem flores que particularmente os atraem. Algumas são silvestres, outras são nativas, e muitas poderão ser encontradas em sementes ou mudas.

Nos canteiros deve-se deixar parte anterior às plantas mais rasteiras, mais atrás, as plantas de estatura média e, depois, as mais altas. Desta forma, você poderá ver todas as flores e dará amplo espaço e acesso para que os beija-flores possam se alimentar. Trepadeiras ficarão bem acompanhando cercas, muros, emoldurando terraços ou pergolas. São excelentes, pois a maior parte floresce por longos periodos.

É muito importante saber em que época essas plantas florescem, para que na escolha das várias espécies haja flores para o ano todo. As plantas que atraem insetos também serão úteis na alimentação dos beija-flores. Um recanto idealizado com amor para receber beija-flores trará, sem dúvida, muito mais vida para o seu jardim. Não há nada que alegre mais a sua paisagem que a revoada incessante de várias espécies de beija-flores.

One of the paradoxes observed in most urban gardens, and even in parks situated in rural areas, is that because they attract wild animals, these areas can become virtual deserts in terms of plants. Almost always we find that they were set aside to satisfy aesthetic interests, without the least consideration for achieving ecological objectives.

Whether you are embarking on a full-scale landscaping plan or merely making a few improvements to your garden, it is important to know how to add specific plant species that, when they grow and flourish, will create—for your pleasure—a habitat for hummingbirds. Even pots or jardinieres planted with the right varieties can act as a magnet for these little birds. There are flowers that are particularly attractive to hummingbirds. Some are wild but others are native, and you will find many of them available as seed or seedlings.

In arranging a flower bed, use the front part for creeping or very low-growing plants, put plants of medium stature behind them, and set the tallest ones at the rear. Climbing plants will look nice along fences or walls, or when arranged to frame balconies or pergolas. In this way, you will be able to see all the flowers and will provide ample space and access for the hummingbirds to feed.

It is very important to know the months when these plants bloom, so that you can select different species with an eye to having flowers all year round. Plants that attract insects will also be useful in feeding hummingbirds. Trees, bushes, and herbaceous plants should be planted in groups in order to form a massive and flowery vegetation. Climbing plants are excellent, since most of them bloom for long periods. Lovingly designing your garden to welcome hummingbirds is sure to bring much more life to the grounds around your home. There is nothing that brightens your landscape more than the incessant flights of different species of hummingbirds.

Leyla Stchelkunoff Madach

1- Grevílea-anã	**Banks Grevillea**
2- Planta camarão	**Shrimp Plant**
3- Asistásias	**Coromandels**
4- Escova-de-garrafa	**Bottle Brush**
5- Camarão-amarelo	**Lollypops**
6- Maria-sem-vergonha	**Patient Lucy**
7- Chapéu-de-Napoleão	**Yellow Oleander**
8- Sininho	**Spotted Flowering Maple**
9- Maria-sem-vergonha	**Patient Lucy**
10- Ruélia-rosa	**Monkey Plant**
11- Flamboiãnzinho	**Dwarf Poinciana**

12- Lágrima-de Cristo	**Bleeding Heart Vine**
13- Afelandra-amarela	**Zebra Plant**
13- Afelandra-coral	**Coral Aphelandra**
13- Afelandra-vermelha	**Red Aphelandra**
14- Lantanas	**Shrub Verbenas**
15- Odontonema	**Firespike**
16- Pentas	**Egyptian Star Clusters**
17- Lírio-vermelho	**Belladonna Lily**
18- Bromélia	**Bromeliad**
19- Agapanto	**Blue African Lily**

1- Russélia — **Fountain Plant**
2- Sálvia-vermelha — **Scarlet Sage**
3- Lágrima-de-Cristo — **Bleeding Heart Vine**
4- Brinco-de-princesa — **Fuchsia "Lady's Eardrops"**
5- Planta-camarão — **Shrimp Plant**
6- Camarão-amarelo — **Lollypops**
7- Agapanto — **Blue African Lily**
8- Sininho — **Spotted Flowering Maple**
9- Brinco-de-princesa-do-mato — **Fuchsia**
10- Malvavisco — **Turk's Cap**

1- Flamboiãnzlnho-amarelo — **Yellow Dwarf Poinciana**
2 Agapanto — **Blue African Lily**
3- Lágrima-de-Cristo vermelha — **Glory Bower**
4- Pentas — **Egyptian Star-Clusters**
5- Tecomária — **Cape Honeysuckle**
6- Lírio-vermelho — **Belladonna Lily**
7- Chapéu-chinês-vermelho — **Red Chinese Hat Plant**
8- Tecomária-amarela — **Yellow Cape Honeysuckle**
9- Asistásias — **Coromandels**
10- Camarão-amarelo — **Lollypops**
11- Lantanas — **Shrub Verbenas**
12- Planta camarão — **Shrimp Plant**

249

1- Paineira	**Floss Silktree**			34- Pentas	**Egyptian Star Clusters**
2- Caliandra-rosa	**Pink Calliandra**	18- Árvore-orquídea	**Hong Kong Orchid Tree**	35- Asistásias	**Coromandels**
3- Lantanas	**Shrub Verbenas**	19- Maria-sem-vergonha	**Patient Lucy**	36- Glicínia	**Chinese Wisteria**
4- Ipê-roxo	**PurpleTrumpet Tree**	20- Malvavisco	**Turk's Cap**	37- Clerodendro-vermelho	**Red Clerodendrum Vine**
5- Ipê-amarelo	**Golden Trumpet Tree**	21- Eucalipto-vermelho	**Red Flowering Gum**	38- Grevílea-anã	**Banks Grevillea**
6- Tecomária	**Cape Honeysuckle**	22- Mussaenda-amarela	**Yellow Mussaenda**	39- Sanquésia	**Sanchezia**
7- Camarão-amarelo	**Lollypops**	23- Flamboiã	**Royal Poinciana**	40- Escova-de-garrafa	**Botle Brush**
8- Planta-camarão	**Shrimp Plant**	24- Ixora	**Flame of the woods**	41- Madressilva	**Japanese Honeysuckle**
9- Tecomária-amarela	**Yellow Cape Honeysuckle**	25- Justícia-rosa	**Flamingo Plant**	42- Mulungu	**Coral Tree**
10- Espatódea	**African Tulip tree**	26- Jacarandá mimoso	**Mimosa Leaved-ebony**	43- Corticeira	**Cockspur Coral Tree**
11- Lírio-vermelho	**Belladonna Lily**	27- Chapéu-chinês-vermelho	**Red Chinese Hat Plant**	44- Bananeira-do-mato	**Heliconia**
12- Agapanto	**Blue African Lily**	28- Flamboiãnzinho	**Dwarf Poinciana**	45- Afelandra-amarela	**Zebra Plant**
13- Capota-vermelha	**Brazilian Red-Cloak**	29- Afelandra-coral	**Coral Aphelandra**	46- Alpínea	**Shell Ginger**
14- Russélia	**Fountain Plant**	30- Sálvia-azul	**Blue Sage**	47- Jambo-vermelho	**Rose Apple**
15- Flor-de-São João	**Flame Vine**	31- Duranta	**Pigeon-Berry**	48- Laranjeira	**Orange Tree**
16- Sibipiruna	**Caesalpinae**	32- América	**Queen of Flowering Trees**	49- Romãzeira	**Pomegranate**
17- Unha-de-vaca-branca	**White Orchid Tree**	33- Sininho	**Spotted Flowering Maple**	50- Mamoeiro	**Papaya Tree**

1- Tecomária amarela	**Yellow Cape Honeysuckle**	21- Ipê-amarelo	**Golden Trumpet Tree**	41- Alpínia	**Shell Ginger**
2- Flamboiã	**Royal Poinciana**	22- Glicínia	**Chinese Wisteria**	42- Bromélia	**Bromeliad**
3- Jasmim-amarelo	**Yellow Jasmine**	23- Camarão-amarelo	**Lollypops**	43- Vriésia	**Giant Vriesea**
4- Clerodendro-vermelho	**Red Clerodendrum Vine**	24- Duranta	**Pigeon-Berry**	44- Agapanto	**Blue African Lily**
5- Braúnea-vermelha	**Rose of Venezuela**	25- Asistásias	**Coromandels**	45- Caliandra-rosa	**Pink Calliandra**
6- Madressilva	**Japanese Honeysuckle**	26- Hibisco-lanterninha	**Japanese Lantern**	46- Lírio vermelho	**Belladonna Lily**
7- Laranjeira	**Orange Tree**	27- Maria-sem-vergonha	**Patient Lucy**	47- Sálvia-vermelha	**Scarlet Sage**
8- Maracujazeiro	**Passion Flower**	28- Unha-de-vaca-branca	**White Orchid Tree**	48- América	**Queen of Flowering Trees**
9- Mamoeiro	**Papaya**	29- Bombax	**Red Silk-Cotton**	49- Russélia	**Fountain Plant**
10- Jambo-vermelho	**Rose Apple**	30- Espatódea	**African Tulip Tree**	50- Escova-de-garrafa	**Bottle Brush**
11- Abacaxi	**Pineapple**	31- Chapéu-chinês-amarelo	**Yellow Chinese Hat Plant**	51- Ixora	**Flame of the Woods**
12- Romãzeira	**Pomegranate**	32- Jacarandá-mimoso	**Mimosa Leaved-Ebony**	52- Planta camarão	**Shrimp Plant**
13- Bananeira	**Common Banana**	33- Sibipiruna	**Caesalpinae**	53- Grevílea-anã	**Banks Grevillea**
14- Malvavisco	**Turk's Cap**	34- Afelandra-amarela	**Zebra Plant**	54- Pentas	**Egyptian Star-Clusters**
15- Chapéu-de-Napoleão	**Yellow Oleander**	35- Mulungu	**Coral Tree**	55- Biri	**Indian Shot**
16- Afelandra-coral	**Coral Aphelandra**	36- Corticeira	**Cockspur Coral Tree**	56- Bromélia	**Bromeliad**
17- Diadema	**Stifftia**	37- Suinã-do-litoral	**Candelabrum Coral Tree**	57- Tumbérgia-azul	**Clock Vine**
18- Lantanas	**Shrub Verbenas**	38- Chapéu-chinês-vermelho	**Red Chinese Hat Plant**	58- Sininho	**Spotted Flowering Maple**
19- Ipê-branco	**White Trumpet Tree**	39- Sálvia azul	**Blue Sage**	59- Caetê-vermelho	**Red Arrow-root**
20- Ipê-roxo	**Purple Trumpet Tree**	40- Escova-de-garrafa	**Bottle Brush**	60- Sanquésia	**Sanchezia**

Índice dos Nomes Populares das Plantas em Português
Index of Common Plants in Portuguese

Abacaxi	233	**258**	Capota-vermelha	112	**255**	Gloxínia	123	**260**	Maria-sem-vergonha	116/117	**257**
Abacaxi-vermelho	211	**258**	Capuchinha-grande	169	**267**	Gmelina	95	**268**	Mulungu	74	**263**
Afelandra-amarela	104/105	**255**	Castanha-da-Austrália	89	**262**	Grevílea-anã	156/157	**266**	Mussaenda-amarela	162	**267**
Afelandra-coral	107	**255**	Chapéu-chinês-amarelo	171	**268**	Hamélia	159	**266**	Mussaenda-vermelha	163	**266**
Afelandra-vermelha	106	**255**	Chapéu-chinês-vermelho	170	**268**	Hibisco	146	**264**	Mutísia-rosa	190	**260**
Agapanto	139	**263**	Chapéu-de-Napoleão	114	**256**	Hibisco-lanterninha	146	**264**	Mutísia-vermelha	190	**260**
Alpínia	174	**268**	Chuva-de-ouro	228	**266**	Ingá	83	**263**	Odontonema	112	**256**
Alstroeméria	113	**256**	Clerodendro-vermelho	200/201	**267**	Ipê-amarelo	65	**257**	Orquídea	226/227/229	**265**
Amércia	84/85	**261**	Corticeira	80/81	**262**	Ipê-branco	66	**258**	Paineira	68	**258**
Árvore-orquídea	72/73	**261**	Cravo-do-mato	213	**259**	Ipê-rosa	62	**257**	Palma-doce	216	**259**
Asistásias	101	**255**	Diadema	122	**260**	Ipê-roxo	63	**257**	Pedilanto	123	**260**
Babosa	138	**263**	Dracena	140	**263**	Ipomea	193	**260**	Pentas	161	**267**
Bananeira	236	**264**	Duranta	172	**268**	Ixora	160	**266**	Planta-camarão	102	**255**
Bananeira-de-jardim	150/151	**265**	Erantemo	100	**255**	Jacarandá-mimoso	67	**257**	Romãzeira	242	**266**
Bananeira-do-mato	125/126/127/128	**260**	Erva-de-bicho	142/143	**264**	Jacobínia-vermelha	111	**256**	Ruélia-rosa	100	**256**
Bananeirinha-do-mato	128	**261**	Escova-de-garrafa	93	**265**	Jambo-vermelho	239	**265**	Russélia	164	**267**
Baunínia-vermelha	136	**261**	Escova-de-macaco	189	**260**	Jasmim-amarelo	152	**265**	Saca-rolha	168	**267**
Biri	120	**259**	Escovinha-vermelha-de-macaco	187	**260**	Jasmim-brilhante	180	**256**	Sálvia-azul	130	**261**
Boca-de-dragão	223/224/225	**266**	Espatódea	58/59/60/61	**257**	Justícia-amarela	108/109	**255**	Sálvia-vermelha	131	**261**
Bombax	71	**258**	Estreptosolen	168	**267**	Justícia-rosa	110	**255**	Sanquésia	98/99	**256**
Braúnea-laranja	86/87	**261**	Eucalipto-vermelho	94	**265**	Lágrima-de-Cristo	202	**268**	Sapatinho	197	**267**
Braúnea-vermelha	88	**261**	Flama-da-floresta	195	**263**	Lágrima-de-Cristo-vermelha	198	**268**	Sete-léguas	182	**257**
Brinco-de-princesa	153	**265**	Flamboiã	90/91	**262**	Lágrima-de-moça	175	**268**	Sibipiruna	82	**262**
Brinco-de-princesa-do-mato	155	**265**	Flamboiãnzinho	137	**262**	Lantanas	172/173	**268**	Sininho	145	**264**
Bromélia	207/208/209/210	**258**	Flor-de-maio	218	**259**	Lanterna-japonesa	144	**264**	Suinã	78/79	**263**
Cabreúva-vermelha	92	**263**	Flor-de-outubro	219	**259**	Laranjeira	244	**267**	Suinã-do-litoral	76	**262**
Caetê-vermelho	148/149	**264**	Flor-de-São-João	184	**257**	Lírio-vermelho	113	**256**	Tecomária	118	**258**
Cafeeiro	243	**266**	Flor-de-São-Miguel	203	**268**	Madressilva	186	**259**	Tumbergia-arbustiva	169	**267**
Caliandra-rosa	134	**262**	Flor-de-São-Miguel-branca	203	**268**	Malvavisco	147	**264**	Tumbérgia-azul	196	**267**
Caliandra-vermelha	133	**262**	Fruta-do-sabiá	167	**267**	Mamoeiro	234	**259**	Unha-de-gato	181	**257**
Caliandras	132	**262**	Gladíolo	129	**261**	Maracujazeiro	240	**266**	Unha-de-vaca-branca	73	**257**
Camarão-amarelo	103	**256**	Glicínia	194	**263**	Maracujazeiro-de-flor-vermelha	241	**266**	Vriésia	212	**259**

Índice dos Nomes Populares das Plantas em Inglês
Index of Common Plants in English

Name	Page		Name	Page		Name	Page		Name	Page	
Acnistus	167	267	Easter Cactus	219	259	Moreton Bay Chestnut	89	262	Red Burning Brush	187	260
African Tulip Tree	58/59/60/61	257	Egyptian Star-Clusters	161	259	Morning Glory	193	260	Rose of Venezuela	88	261
Arabian Coffee	243	266	Epidendrum Orchid	223/224/225	266	Mountain Rose	86/87	262	Rose Apple	239	265
Ashanti Blood	163	266	Firespike	112	256	Myroxylon	92	263	Royal Poinciana	90	262
Banks Grevillea	156/157	266	Flame Vine	184	257	Nasturtium	169	267	Sanchezia	98/99	256
Belladonna Lily	113	256	Flame of the Woods	160	266	New Guinea Creeper	195	263	Scarlet Sage	131	261
Bleeding Heart Vine	202	268	Flamingo Plant	110	255	Orange	244	267	Scarlet Ginger Lily	175	268
Blue African Lily	139	263	Floss Silktree	68	258	Orchid	226/227/229	265	Scarlet Bush	159	266
Blue Sage	100/130	255	Flowering Banana	150/151	265	Papaya	234	259	Shell Ginger	174	268
Bolivian Sunset	123	260	Fountain Plant	164	267	Parrot Alstroemeria	113	256	Shrimp Plant	102	255
Bottle Brush	93	205	Friendship Plant	208	258	Passion Flower	240	266	Shrub Verbenas	172/173	268
Brazilian Red-Cloak	112	255	Fuchsia "Lady's Eardrops"	153	265	Patient Lucy	116/117	257	Snapdragon Tree	95	268
Bromeliad	207/208/209/210/213	258	Fuchsia	155	265	Pigeon-Berry	172	268	Spotted Flowering Maple	145	264
Burning Brush	189	260	Garden Gladiolus	129	261	Pineapple	233	258	St. John's Bread	83	263
Caesalpinae	82	262	Giant Vriesea	212	259	Pink Calliandra	134	262	Stifftia	122	260
Candelabrum Coral Tree	76	262	Giant Granadilla	241	266	Pink Trumpet Tree	62	257	Thanksgiving Cactus	218	259
Cape Honeysuckle	118	258	Glory Bower	198	268	Pink Mutisia	190	260	Turk's Cap	147	264
Cardinals Guard	111	256	Golden Trumpet Tree	65	257	Pomegranate	242	266	Weeping Chinese Lantern	144	264
Cat's-Claw	181	257	Golden Shower	228	266	Port St. John's Creeper	182	257	White Trumpet Tree	66	258
Chinese Hibiscus	146	264	Heliconia	125/126/127/128	261	Powder Puffs	132	262	White Wreath	203	268
Chinese Wisteria	194	263	Helicteres	168	267	Pride of the Cape	136	261	White Orchid Tree	73	261
Clock Vine	196	267	Hong Kong Orchid Tree	72/73	261	Purple Trumpet Tree	163	257	Yellow Heliconia	128	260
Cochineal Cactus	217	259	Indian Shot	120	259	Purple Wreath	203	268	Yellow Thunbergia	197	267
Cockspur Coral Tree	80/81	262	Japanese Lantern	146	264	Queen of Flowering Trees	84	261	YellowChinese Hat Plant	171	268
Common Banana	236	264	Japanese Honeysuckle	186	259	Red Flowering Gum	94	265	Yellow Jasmine	152	265
Confederate Jasmine	180	256	King's Mantle	169	267	Red Mutisia	190	260	Yellow Oleander	114	256
Coral Aphelandra	107	255	Lollypops	103	256	Red Arrow-root	148/149	264	Yellow Justicia	108/109	255
Coral Tree	74/78	263	Marmalade Bush	168	267	Red Silk-Cotton	70/71	258	Yellow Mussaenda	162	267
Coromandels	101	255	Medicine Plant	138	263	Red Aphelandra	106	255	Zebra Plant	104/105	255
Cuphea	142/143	264	Mexican Flame Bush	133	262	Red Chinese Hat Plant	170	268	Zigzag Plant	123	260
Dracaena	140	263	Mimosa Leaved-Ebony	67	256	Red Clerodendrum Vine	200/201	267			
Dwarf Poinciana	137	262	Monkey Plant	100	256	Red Pineapple	211	258			

Abutilon megapotamicum	144	**264**
Abutilon venosum	145	**264**
Acnistus arboreus	166/167	**267**
Aechmea sp.	208/209/210	**258**
Agapanthus africanus	139	**263**
Aloe sp.	138	**263**
Alpinia zerumbet	174	**268**
Alstroemeria psittacina	113	**256**
Amaryllis belladonna	113	**256**
Amherstia nobilis	84	**261**
Ananas bracteatus striatus	211	**258**
Ananas comosus	233	**258**
Aphelandra sinclairiana	107	**255**
Aphelandra squarrosa	104/105	**255**
Aphelandra tetragona	106	**255**
Asystasia spp.	101	**255**
Bauhinia galpinii	136	**261**
Bauhinia blakeana	72/73	**261**
Bauhinia variegata candida	73	**261**
Beloperone guttata	102	**255**
Billbergia sp.	208	**258**
Bombax ceiba	70/71	**258**
Brownea grandiceps	88	**261**
Brownea macrophylla	86/87	**262**
Caesalpinae peltophoroides	82	**262**
Caesalpinia pulcherrima	137	**262**
Calliandra surinamensis	134	**262**
Calliandra tweedii	133	**262**
Calliandra spp.	132	**262**
Callistemon sp.	93	**265**
Canna indica	120	**259**
Carica papaya	234	**259**
Castanospermum australe	89	**262**
Cattleya sp.	227	**265**
Chorisia speciosa	68	**258**
Citrus sinensis	244	**267**
Clerodendrum thomsonae	202	**268**
Clerodendrum splendens	200/201	**267**
Clerodendrum speciosum	198	**267**
Coffea arabica	243	**266**
Combretum coccineum	189	**260**
Combretum grandiflorum	187	**260**
Cordyline congesta	140	**264**
Cuphea speciosa	142	**264**
Delonix regia	90	**262**
Doxantha unguis-cati	181	**257**
Duranta repens	172	**268**
Epidendrum sp.	223/224/225	**265**
Eranthemum nervosum	100	**255**
Erythrina crista-galli	80/81	**262**
Erythrina speciosa	76	**263**
Erythrina verna	78	**263**
Erythrina velutina	74	**263**
Eucalyptus ficifolia	94	**265**
Fuchsia regia	155	**265**
Fuchsia hibrida	153	**265**
Gladiolus hybridus	129	**261**
Gloxinia sylvatica	123	**260**
Gmelina arborea	95	**268**
Grevillea banksii	156/157	**266**
Hamolia patono	159	**266**
Hedichium coccineum	175	**268**
Heliconia hirsuta	128	**260**
Heliconia sp.	125/126/127/128	**261**
Helicteres sacarolha	168	**267**
Hibiscus schizopetalus	146	**264**
Hibiscus rosa-sinensis	146	**264**
Holmskioldia sanguinea aurea	171	**268**
Holmskioldia sanguinea	170	**268**
Impatiens walleriana	116/117	**257**
Inga luschnanthiana	83	**263**
Ipomea horsfalliae	193	**260**
Ixora chinensis	160	**266**
Jacaranda mimosaefolia	67	**257**
Jasminum mesnyi	152	**265**
Justicia aurea	108/109	**255**
Justicia magnifica	110	**255**
Laeliocattleya hybrida	226	**266**
Lantana spp.	172/173	**268**
Lonicera japonica	186	**259**
Lycaste sp.	229	**266**
Malvaviscus arboreus	147	**264**
Megaskepasma erythrochlamys	112	**255**
Mucuna bennetii	195	**263**
Musa sp.	236	**264**
Musa violascens	150/151	**264**
Mussaenda erythrophylla	163	**266**
Mussaenda montana	162	**266**
Mutisia coccinea	190	**260**
Mutisia sp.	190	**260**
Myroxylon peruiferum	92	**263**
Neoregelia carolinae	207	**258**
Nopalea cochenillifera	217	**259**
Odontonema strictum	112	**256**
Oncidium varicosum	228	**266**
Pachystachys lutea	103	**256**
Pachystachys coccinea	111	**256**
Passiflora sp.	240	**266**
Passiflora quadrangularis	241	**266**
Pedilanthus tithymaloydes variegatus	123	**260**
Pentas spp.	161	**267**
Petrea volubilis	203	**268**
Holmskioldia sanguinea	170	**268**
Petrea volubilis alba	203	**268**
Podranea ricasoliana	182	**257**
Punica granatum	242	**266**
Pyrostegia venusta	184	**257**
Rhipsalidopsis gaertnerii	219	**259**
Ruellia makoyana	100	**256**
Russelia equisetiformis	164	**267**
Salvia splendens	131	**261**
Salvia guaranitica	130	**261**
Sanchezia nobilis	98/99	**256**
Spathodea nilotica	58/59/60/61	**256**
Stifftia chrysantha	122	**260**
Streptosolen jamesonii	168	**267**
Stromanthe sanguinea	148/149	**264**
Syzygium malaccense	239	**265**
Tabebuia avellanedae	63	**257**
Tabebuia avellanedae var. paulensis	62	**257**
Tabebuia roseo-alba	66	**258**
Tabebuia ochracea	64/65	**257**
Tecomaria capensis	118	**258**
Thevetia peruviana	114	**256**
Thunbergia grandiflora	196	**267**
Thunbergia erecta	169	**267**
Thunbergia mysorensis	197	**267**
Tillandsia stricta	213	**259**
Trachelospermum jasminoides	180	**256**
Tropaeolum majus	169	**267**
Vriesea imperialis	212	**259**
Wisteria sinensis	194	**263**
Zygocactus truncatus	218	**259**

Descrição das Plantas por Famílias
Classification of Plants According to Family

Família *Acanthaceae*

Aphelandra sinclairiana (Panamá), **Afelandra-coral**; arbusto de até três metros de altura; floresce da primavera ao verão; propaga-se por estacas. Tropical.

Aphelandra squarrosa (Brasil), **Afelandra-amarela**; planta herbácea de até 0,5 metro de altura; floresce da primavera ao verão; propaga-se por estacas. Tropical.

Aphelandra tetragona (América Tropical), **Afelandra-vermelha**; planta herbácea de até dois metros de altura; auge da floração no verão; propaga-se por estacas. Tropical.

Asystasia spp. (Índia e Malásia), **Asistásias**; planta herbácea de até dois metros de altura; crescimento rápido; floresce da primavera ao outono; propaga-se por estacas. Tropical.

Beloperone guttata (México), **Planta-camarão**; planta herbácea de até um metro de altura; floresce da primavera ao outono; propaga-se por estacas. Tropical.

Eranthemum nervosum (E. pulchellum) (Índia), **Erantemo**; arbusto de até dois metros de altura; floresce do outono ao inverno; propaga-se por estacas. Tropical.

Justicia aurea (México), **Justícia-amarela**; planta herbácea de até dois metros de altura; floresce da primavera ao outono; propaga-se por estacas. Tropical.

Justicia magnifica (Jacobinia carnea) (Brasil), **Justícia-rosa**; planta herbácea de até dois metros de altura; floresce da primavera ao outono; propaga-se por estacas. Tropical.

Megaskepasma erythrochlamys (Venezuela), **Capota-vermelha**; arbusto de até três metros de altura; floresce da primavera ao outono; propaga-se por estacas. Tropical.

Family *Acanthaceae*

Aphelandra sinclairiana (Panama), Coral Aphelandra; **shrub reaching up to 3m in height; blooms from spring to summer; propagates by slips. Tropical.**

Aphelandra squarrosa (Brazil), Zebra Plant; **herbaceous plant reaching up to 0.5m in height; blooms from spring to summer; propagates by slips. Tropical.**

Aphelandra tetragona (Tropical America), Red Aphelandra; **herbaceous plant reaching up to 2m in height; blooming peaks in summer; propagates by slips. Tropical.**

Asystasia spp. (India and Malaysia), Coromandels; **herbaceous plant reaching up to 2m in height; rapid growth; blooms from spring to autumn; propagates by slips. Tropical.**

Beloperone guttata (Mexico), Shrimp Plant; **herbaceous plant reaching up to 1m in height; blooms from spring to autumn; propagates by slips. Tropical.**

Eranthemum nervosum (E.pulchellum)(India), Blue Sage; **shrub reaching up to 2m in height; blooms from autumn to winter; propagates by slips. Tropical.**

Justicia aurea (Mexico), Yellow Justicia; **herbaceous plant reaching up to 2m in height; blooms from spring to autumn, propagates by slips. Tropical.**

Justicia magnifica (Jacobinia carnea)(Brazil), Flamingo Plant; **herbaceous plant reaching up to 2m in height; blooms from spring to autumn; propagates by slips. Tropical.**

Megaskepasma erythrochlamys (Venezuela), Brazilian Red-Cloak; **shrub reaching up to 3m in height; blooms from spring to autumn; propagates by slips. Tropical.**

Odontonema strictum (América Central), **Odontonema**; arbusto de até dois metros de altura; auge da floração no verão; propaga-se por estacas. Tropical.

Pachystachys coccinea (Trinidade, América do Sul), **Jacobínia- vermelha**; planta herbácea de até dois metros de altura; floresce da primavera ao outono; propaga-se por estacas. Tropical.

Pachystachys lutea (Peru), **Camarão-amarelo**; planta herbácea de até dois metros de altura; floresce da primavera ao outono; propaga-se por estacas. Tropical.

Ruellia makoyana (Brasil), **Ruélia-rosa**; planta herbácea de até 0,6 metro de altura; auge da floração no inverno; propaga-se por estacas. Tropical.

Sanchezia nobilis (Brasil e Equador), **Sanquésia**; arbusto de até três metros de altura; floresce da primavera ao outono; propaga-se por estacas. Tropical.

Família *Amaryllidaceae*

Alstroemeria psittacina (Sul do Brasil), **Alstroeméria**; planta herbácea de até 0,3 metro de altura; auge da floração no inverno; propaga-se por divisão de bulbos. Subtropical.

Amaryllis belladonna (África do Sul), Lírio-vermelho; planta herbácea de até 0,8 metro de altura; auge da floração na primavera; propaga-se por divisão de bulbos ou por sementes. Subtropical.

Família *Apocynaceae*

Thevetia peruviana (México), **Chapéu-de-Napoleão**; arbusto de até três metros de altura; floresce da primavera ao outono; propaga-se por sementes. Tropical.

Trachelospermum jasminoides (China), **Jasmim-brilhante**; trepadeira; crescimento lento; auge da floração na primavera; propaga-se por

Odontonema strictum (Central America), Firespike; **shrub reaching up to 2m in height; blooming peaks in summer; propagates by slips. Tropical.**

Pachystachys coccinea (Trinidad, South America), Cardinal's Guard; **herbaceous plant reaching up to 2m in height; blooms from spring to autumn; propagates by slips. Tropical.**

Pachystachys lutea (Peru), Lollypops; **herbaceous plant reaching up to 2m in height; blooms from spring to autumn; propagates by slips. Tropical.**

Ruellia makoyana (Brazil), Monkey Plant; **herbaceous plant reaching up to 0.6m in height; blooming peaks in winter; propagates by slips. Tropical.**

Sanchezia nobilis (Brazil and Ecuador), Sanchezia; **shrub reaching up to 3m in height; blooms from spring to autumn; propagates by slips. Tropical.**

Family *Amaryllidaceae*

Alstroemeria psittacina (South Brazil), Parrot Alstroemeria; **herbaceous plant reaching up to 0.3m in height; blooming peaks in winter; propagates by division of bulbs. Subtropical.**

Amaryllis belladonna (South Africa), Belladonna Lily; **herbaceous plant reaching up to 0.8m in height; blooming peaks in spring; propagates by division of bulbs or seeds. Subtropical.**

Family *Apocynaceae*

Thevetia peruviana (Mexico), Yellow Oleander; **shrub reaching up to 3m in height; blooms from spring to autumn; propagates by seeds. Tropical.**

Trachelospermum jasminoides (China), Confederate Jasmine; **climbing plant; slow growth; blooming peaks in spring, planted**

estacas. Subtropical.

Família *Balsaminaceae*

Impatiens walleriana (África Tropical), **Maria-sem-vergonha**; planta herbácea de até 0,5 metro de altura; floresce quase o ano inteiro; propaga-se por sementes ou estacas. Tropical.

Família *Bignoniaceae*

Doxantha unguis-cati (Brasil), **Unha-de-gato**; trepadeira; auge da floração na primavera; propaga-se por sementes ou estacas. Tropical.

Jacaranda mimosaefolia (J. acutifolia) (Norte da Argentina, Bolívia e Paraguai), **Jacarandá-mimoso**; árvore de até 20 metros de altura; auge da floração na primavera; propaga-se por sementes. Subtropical.

Podranea ricasoliana (África Tropical), **Sete-léguas**; trepadeira; floresce da primavera ao outono; propaga-se por sementes ou estacas. Tropical.

Pyrostegia venusta (Brasil e Paraguai), **Flor-de-São-João**; trepadeira; auge da floração no inverno; propaga-se por sementes ou estacas. Tropical.

Spathodea nilotica (S. campanulata) (África Tropical), **Espatódea**; árvore de até 15 metros de altura; crescimento rápido; floresce do verão ao outono; propaga-se por sementes. Tropical.

Tabebuia avellanedae (Norte da Argentina, Brasil e Paraguai), **Ipê-roxo**; árvore de até 20 metros de altura; crescimento lento; auge da floração no inverno; propaga-se por sementes. Subtropical.

Tabebuia avellanedae var. paulensis (Brasil), **Ipê-rosa**; árvore de até cinco metros de altura; crescimento lento; auge da floração no inverno; propaga-se por sementes. Tropical.

Tabebuia ochracea (Brasil), **Ipê-amarelo**; árvore de até dez metros

in semi-shade; propagates by slips. Subtropical.

Family *Balsaminaceae*

Impatiens walleriana (Tropical Africa), Patient Lucy; **herbaceous plant reaching up to 0.5m in height; blooms almost throughout the year; propagates by seeds or slips. Tropical.**

Family *Bignoniaceae*

Doxantha unguis-cati (Brazil), Cats-Claw; **climbing plant; blooming peaks in spring; propagates by seeds or slips. Tropical.**

Jacaranda mimosaefolia (J.acutifolia) (North Argentina, Bolivia and Paraguay), Mimosa-Leaved Ebony; **tree reaching up to 20m in height; blooming peaks in spring; propagates by seeds. Subtropical.**

Podranea ricasoliana (Tropical Africa), Port St. John's Creeper; **climbing plant; flowers from spring to autumn; propagates by seeds or slips. Tropical.**

Pyrostegia venusta (Brazil and Paraguay), Flame Vine; **climbing plant; blooming peaks in winter; propagates by seeds or slips. Tropical.**

Spathodea nilotica (S.campanulata)(Tropical Africa), African Tulip Tree; **tree reaching up to 15m in height; rapid growth; blooms from summer to autumn; propagates by seeds. Tropical.**

Tabebuia avellanedae (North Argentina, Brazil and Paraguay), Purple Trumpet Tree; **tree reaching up to 20m in height; slow growth; blooming peaks in winter; propagates by seeds. Subtropical.**

Tabebuia avellanedae var. paulensis (Brazil), Pink Trumpet Tree; **tree reaching up to 5m in height; slow growth; blooming peaks in winter; propagates by seeds. Tropical.**

Tabebuia ochracea (Brazil), Golden Trumpet Tree; **tree reaching**

de altura; crescimento lento; auge da floração no inverno; propaga-se por sementes. Tropical.

Tabebuia roseo-alba (Bolívia, Brasil e Paraguai), **Ipê-branco**; árvore de até dez metros de altura; crescimento lento; auge da floração na primavera; propaga-se por sementes. Tropical.

Tecomaria capensis (África Tropical), **Tecomária**; arbusto semitrepadeira de até três metros de altura; floresce da primavera ao outono; propaga-se por sementes ou estacas. Tropical.

Família *Bombacaceae*

Bombax ceiba (B. malabaricum) (Índia), **Bombax**; árvore de até 30 metros de altura; crescimento lento; auge da floração no inverno; propaga-se por mudas ou sementes. Tropical.

Chorisia speciosa (Norte da Argentina e Brasil), **Paineira**; árvore de até 15 metros de altura; floresce do verão ao outono; crescimento lento; propaga-se por sementes. Tropical.

Família *Bromeliaceae*

Aechmea sp. (América Tropical), **Bromélia**; floresce da primavera ao outono; propaga-se por divisão de rizomas ou por sementes. Tropical.

Ananas bracteatus striatus (Brasil), **Abacaxi-vermelho**; bromélia; floresce da primavera ao outono; propaga-se por divisão de rizomas ou por mudas retiradas do fruto. Tropical.

Ananas comosus (América do Sul), **Abacaxi**; bromélia; floresce da primavera ao outono; propaga-se por divisão de rizomas ou por mudas retiradas do fruto. Tropical.

Billbergia sp. (América do Sul), **Bromélia**; floresce da primavera ao outono; propaga-se por divisão de rizomas ou por sementes. Tropical.

Neoregelia carolinae (Brasil), **Bromélia**; floresce da primavera ao outono; propaga-se por divisão de rizomas ou por sementes. Tropical.

up to 10m in height; slow growth; blooming peaks in winter; propagates by seeds. Tropical.

Tabebuia roseo alba (Bolivia, Brazil and Paraguay), White Trumpet Tree; tree reaching up to 10m in height; slow growth; blooming peaks in spring; propagates by seeds. Tropical.

Tecomaria capensis (Tropical Africa), Cape Honeysuckle; semi-climbing shrub reaching up to 3m in height; blooms from spring to autumn; propagates by seeds or slips. Tropical.

Family *Bombacaceae*

Bombax ceiba (B.malabaricum) (India), Red Silk-Cotton; tree reaching up to 30m in height; slow growth; blooming peaks in winter; propagates by seeds. Tropical.

Chorisia speciosa (North Argentina and Brazil), Floss Silktree; tree reaching up to 15m in height; blooms from summer to autumn, slow growth; propagates by seeds. Tropical.

Family *Bromeliaceae*

Aechmea sp. (Tropical America), Bromeliad; blooms from spring to autumn; propagates by division of rhizomes and seeds. Tropical.

Ananas bracteatus striatus (Brazil), Red Pineapple; bromeliad; blooms from spring to autumn; propagates by division of rhizomes or offshoots taken from the fruit. Tropical.

Ananas comosus (South America), Pineapple; bromeliad; blooms from spring to autumn; propagates by division of rhizomes or offshoots taken from the fruit. Tropical.

Billbergia sp. (South America), Friendship Plant; blooms from spring to autumn; propagates by division of rhizomes or seeds. Tropical.

Neoregelia carolinae (Brazil), Bromeliad; blooms from spring to autumn; propagates by division of rhizomes or seeds. Tropical.

Tillandsia stricta (Brasil); **Cravo-do-mato**; bromélia; floresce da primavera ao outono; propaga-se por divisão de rizomas ou por sementes. Tropical.

Vriesea imperialis (Brasil), **Vriésia**; bromélia; floresce da primavera ao outono; propaga-se por divisão de rizomas ou por sementes. Tropical.

Família *Cactaceae*

Nopalea cochenillifera (Opuntia) (América Tropical), **Palma-doce**; cacto de até cinco metros de altura; auge da floração no inverno; propaga-se por estacas. Árido-tropical.

Rhipsalidopsis gaertnerii (Brasil), **Flor-de-outubro**; cacto de até 0,5 metro de altura; auge da floração na primavera; propaga-se por estacas. Tropical.

Zygocactus truncatus (Brasil), **Flor-de-maio**; cacto de até 0,6 metro de altura; auge da floração no outono; propaga-se por estacas. Tropical.

Família *Cannaceae*

Canna indica (América Tropical), **Biri**; planta herbácea de até 1,5 metro de altura; floresce da primavera ao outono; propaga-se por mudas. Tropical.

Família *Caprifoliaceae*

Lonicera japonica (Ásia), **Madressilva**; trepadeira; floresce da primavera ao outono; crescimento rápido; propaga-se por estacas. Subtropical.

Família *Caricaceae*

Carica papaya (América Tropical), **Mamoeiro**; planta semi-herbácea de até oito metros; floresce quase o ano inteiro; propaga-se por sementes. Tropical.

Tillandsia stricta **(Brazil)**, Bromeliad; **blooms from spring to autumn; propagates by division of rhizomes or seeds. Tropical.**

Vriesea imperialis (Brazil), Giant Vriesea; **bromeliad; blooms from spring to autumn; propagates by division of rhizomes or seeds. Tropical.**

Family *Cactaceae*

Nopalea cochenillifera **(Opuntia)(Tropical America)**, Cochineal Cactus; **cactus reaching up to 5m in height; blooming peaks in winter; propagates by slips. Arid-tropical.**

Rhipsalidopsis gaertnerii **(Brazil)**, Easter Cactus; **cactus reaching up to 0.5m in height; blooming peaks in spring; propagates by slips. Tropical.**

Zygocactus truncatus **(Brazil)**, Thanksgiving Cactus; **cactus reaching up to 0.6m in height; blooming peaks in autumn; propagates by slips. Tropical.**

Family *Cannaceae*

Canna indica (Tropical America), Indian Shot; **herbaceous plant reaching up to 1,5m in height; blooms from spring to autumn; propagates by offshoots. Tropical.**

Family *Caprifoliaceae*

Lonicera japonica **(Asia)**, Japanese Honeysuckle; **climbing plant; blooms from spring to autumn; rapid growth; propagates by slips. Subtropical.**

Family *Caricaceae*

Carica papaya (Tropical America), Papaya; **semi-herbaceous plant reaching up to 8m in height; blooms almost throughout the year; propagates by seeds. Tropical.**

Família Combretaceae

Combretum coccineum (Brasil), **Escova-de-macaco**; trepadeira; auge da floração na primavera; propaga-se por sementes. Tropical.

Combretum grandiflorum (África), Escovinha-de-macaco-vermelha; trepadeira; auge da floração no outono; propaga-se por sementes. Tropical.

Família Compositae

Mutisia coccinea (Brasil), **Mutísia-vermelha**; trepadeira; auge da floração no verão; propaga-se por sementes. Tropical.

Mutisia sp. (Brasil), **Mutísia-rosa**; trepadeira; auge da floração no verão; propaga-se por sementes. Tropical.

Stifftia chrysantha (Brasil), **Diadema**; arbusto lenhoso de até cinco metros de altura; crescimento lento; auge da floração no inverno; propaga-se por sementes. Tropical.

Família Convolvulaceae

Ipomea horsfalliae (Ásia), **Ipomea**; trepadeira; floresce da primavera ao verão; propaga-se por estacas. Tropical.

Família Euphorbiaceae

Pedilanthus tithymaloides variegatus (Ásia), **Pedilanto**; planta herbácea de até um metro de altura; floresce da primavera ao verão; propaga-se por estacas. Tropical.

Família Gesneriaceae

Gloxinia sylvatica (Bolívia), **Gloxínia**; planta herbácea de até 0,3 metro de altura; floresce da primavera ao outono; propaga-se por divisão de bulbos. Tropical.

Família Heliconiaceae

Heliconia hirsuta (Venezuela), **Bananeirinha-do-mato**; arbusto de até 1,5 metro de altura; floresce da primavera ao outono; propaga-se por mudas. Tropical.

Family Combretaceae

Combretum coccineum (Brazil), Burning Brush; **climbing plant; blooming peaks in spring; propagates by seeds. Tropical.**
Combretum grandiflorum (Africa), Red Burning Brush; **climbing plant; blooming peaks in autumn; propagates by seeds. Tropical.**

Family Compositae

Mutisia coccinea (Brazil), Red Mutisia; **climbing plant; blooming peaks in summer; propagates by seeds. Tropical.**
Mutisia sp. (Brazil), Pink Mutisia; **climbing plant; blooming peaks in summer; propagates by seeds. Tropical.**

Stifftia chrysantha (Brazil), Stifftia; **woody shrub reaching up to 5m in height; slow growth; blooming peaks in winter; propagates by seeds. Tropical.**

Family Convolvulaceae

Ipomea horsfalliae (Asia), Morning Glory; **climbing plant; blooms from spring to summer; propagates by slips. Tropical.**

Family Euphorbiaceae

Pedilanthus tithymaloides variegatus (Asia), Zigzag plant; **herbaceous plant reaching up to 1m in height; blooms from spring to summer; propagates by slips. Tropical.**

Family Gesneriaceae

Gloxinia sylvatica (Bolivia), Bolivian Sunset; **herbaceous plant reaching up to 0.3m in height; blooms from spring to autumn; propagates by division of bulbs. Tropical.**

Family Heliconiaceae

Heliconia hirsuta (Venezuela), Yellow Heliconia; **shrub reaching up to 1.5m in height; blooms from spring to autumn; propagates by offshoots. Tropical.**

Heliconia sp. (América do Sul), **Bananeira-do-mato**; arbusto de até dois metros de altura; floresce da primavera ao outono; propaga-se por mudas. Tropical.

Família *Iridaceae*

Gladiolus hybridus (África do Sul), **Gladíolo**; planta herbácea de até 0,5 metro de altura; floresce da primavera ao outono; propaga-se por divisão de bulbos. Tropical.

Família *Labiatae*

Salvia guaranitica (Brasil e Paraguai), **Sálvia-azul**; planta herbácea de até um metro de altura; auge da floração no verão; propaga-se por sementes ou estacas. Tropical.

Salvia splendens (Brasil), **Sálvia-vermelha**; planta herbácea de até 1,5 metro de altura; floresce quase o ano inteiro; propaga-se por sementes ou estacas. Tropical.

Família *Leguminosae*

Amherstia nobilis (Burma, Índia), **Amércia**; árvore de até 15 metros de altura, crescimento lento; floresce da primavera ao outono; propaga-se por alporquia ou sementes. Tropical.

Bauhinia blakeana (Hong-Kong, China), **Árvore-orquídea**; árvore de até dez metros de altura; crescimento rápido; floresce do outono ao inverno; propaga-se por mudas ou sementes; Subtropical.

Bauhinia galpinii (África), **Bauínia-vermelha**; arbusto de até cinco metros de altura; crescimento rápido; auge da floração no verão; propaga-se por mudas ou sementes. Tropical.

Bauhinia variegata candida (China e Índia), **Unha-de-vaca-branca**; árvore de até dez metros de altura; crescimento rápido; floresce do outono ao inverno; propaga-se por mudas ou sementes. Subtropical.

Brownea grandiceps (Venezuela), **Braúnea-vermelha**; árvore de até dez metros de altura; crescimento lento; auge da floração na prima-

Heliconia sp. (South America), Heliconia; **shrub reaching up to 2m in height; blooms from spring to autumn; propagates by offshoots. Tropical.**

Family *Iridaceae*

Gladiolus hybridus (South Africa), Garden Gladiolus; **herbaceous plant reaching up to 0.5m in height; blooms from spring to autumn; propagates by division of bulbs. Tropical.**

Family *Labiatae*

Salvia guaranitica (Brazil and Paraguay), Blue Sage; **herbaceous plant reaching up to 1m in height; blooming peaks in summer; propagates by seeds or slips. Tropical.**

Salvia splendens (Brazil), Scarlet Sage; **herbaceous plant reaching up to 1.5m in height; blooms almost throughout the year; propagates by seeds or slips.**

Family *Leguminosae*

Amherstia nobilis (Burma, India), Queen of Flowering Trees; **tree reaching up to 15m in height; slow growth; blooms from spring to autumn; propagates by layering or seeds. Tropical.**

Bauhinia blakeana (Hong Kong, China), Hong Kong Orchid Tree; **tree reaching up to 10m in height; rapid growth; blooms from autumn to winter; propagates by offshoots or seeds. Subtropical.**

Bauhinia galpinii (Africa), Pride of the Cape; **shrub reaching up to 5m in height; rapid growth; blooming peaks in summer; propagates by offshoots or seeds. Tropical.**

Bauhinia variegata candida (China and India), White Orchid Tree; **tree reaching up to 10m in height; rapid growth; blooms from autumn to winter; propagates by offshoots or seeds. Subtropical.**

Brownea grandiceps (Venezuela), Rose of Venezuela; **tree reaching up to 10m in height; slow growth; blooming peaks in spring;**

vera; propaga-se por alporquia ou sementes. Tropical.

Brownea macrophylla (Colombia e Panamá), **Braúnea-laranja**; árvore de até seis metros de altura; crescimento lento; auge da floração na primavera; propaga-se por alporquia ou sementes. Tropical.

Caesalpinia peltophoroides (Brasil), **Sibipiruna**; árvore de até 15 metros de altura; floresce da primavera ao verão; propaga-se por sementes. Tropical.

Caesalpinia pulcherrima (Ásia), **Flamboiãnzinho**; arbusto de até cinco metros de altura; floresce da primavera ao outono; propaga-se por sementes. Tropical.

Calliandra spp. (Brasil), **Caliandras**; arbusto semitrepadeira de até quatro metros de altura; floresce quase o ano inteiro; propaga-se por sementes. Tropical.

Calliandra surinamensis (Brasil e Suriname), **Caliandra-rosa**; arbusto de até cinco metros de altura; floresce quase o ano inteiro; propaga-se por sementes. Tropical.

Calliandra tweedii (Brasil), **Caliandra-vermelha**; arbusto semitrepadeira de até quatro metros de altura; auge da floração no inverno; propaga-se por sementes. Tropical.

Castanospermum australe (Austrália), **Castanha-da-Austrália**; árvore de até 15 metros de altura; crescimento lento; auge da floração na primavera; propaga-se por alporquia ou sementes. Tropical.

Delonix regia (Madagáscar), **Flamboiã**; árvore de até 15 metros de altura; auge da floração na primavera; propaga-se por sementes. Tropical.

Erythrina crista-galli (Sul do Brasil), **Corticeira**; árvore de até sete metros de altura; floresce da primavera ao outono; propaga-se por sementes ou estacas. Tropical.

propagates by layering or seeds. Tropical.

Brownea macrophylla **(Colombia and Panama),** Moutain Rose; **tree reaching up to 6m in height; slow growth; blooming peaks in spring; propagates by layering or seeds. Tropical.**

Caesalpinia peltophoroides **(Brazil),** Caesalpinia; **tree reaching up to 15m in height; blooms from spring to summer; propagates by seeds. Tropical.**

Caesalpinia pulcherrima **(Asia),** Dwarf Poinciana; **shrub reaching up to 5m in height; blooms from spring to autumn; propagates by seeds. Tropical.**

Calliandra spp. **(Brazil),** Powder Puffs; **semi-climbing shrub reaching up to 4m in height; blooms almost throughout the year; propagates by seeds. Tropical.**

Calliandra surinamensis **(Brazil and Surinam),** Pink Calliandra; **shrub reaching up to 5m in height; blooms almost throughout the year; propagates by seeds. Tropical.**

Calliandra tweedii **(Brazil),** Mexican Flame Bush; **semi-climbing shrub reaching up to 4m in height; blooming peaks in winter; propagates by seeds. Tropical.**

Castanospermum australe **(Australia),** Moreton Bay Chestnut; **tree reaching up to 15m in height; slow growth; blooming peaks in spring; propagates by seeds or layering. Tropical.**

Delonix regia **(Madagascar),** Royal Poinciana; **tree reaching up to 15m in height; blooming peaks in spring; propagates by seeds. Tropical.**

Erythrina crista-galli **(Southern Brazil),** Cockspur Coral Tree; **tree reaching up to 7m in height; blooms from spring to autumn; propagates by seeds or slips. Tropical.**

Erythrina speciosa (Brasil), **Suinã-do-litoral**; árvore de até cinco metros de altura; auge da floração no inverno; propaga-se por sementos ou estacas. Tropical.

Erythrina velutina (Nordeste do Brasil), **Mulungu**; árvore de até 15 metros de altura; auge da floração na primavera; propaga-se por sementes ou estacas. Tropical.

Erythrina verna (Bahia, Brasil), **Suinã**; árvore de até 20 metros de altura; auge da floração no inverno; propaga-se por sementes ou estacas. Tropical.

Inga luschnanthiana (América Tropical), **Ingá**; árvore de até cinco metros de altura; auge da floração na primavera; propaga-se por sementes. Tropical.

Mucuna bennetii (Nova Guiné), **Flama-da-floresta**; trepadeira; crescimento rápido, floresce do inverno à primavera ; propaga-se por sementes ou alporquia. Tropical.

Myroxylon peruiferum (Brasil), **Cabreúva-vermelha**; árvore de até 20 metros de altura, auge da floração no inverno; propaga-se por sementes. Tropical.

Wisteria sinensis (China), **Glicínia**; trepadeira; auge da floração no inverno; propaga-se por estacas. Subtropical.

Família Liliaceae

Agapanthus africanus (África do Sul), **Agapanto**; planta herbácea de até 0,5 metro de altura; auge da floração na primavera; propaga-se por divisão de bulbos ou por sementes. Subtropical.

Aloe sp. (África), **Babosa**; planta herbácea de até um metro de altura; floresce da primavera ao outono; propaga-se por mudas. Tropical.

Erythrina speciosa (Brazil), Candelabrum Coral Tree; **tree reaching up to 5m in height; blooming peaks in winter; propagates by seeds or slips. Tropical.**

Erythrina velutina (Northeast Brazil), Coral Tree; **tree reaching up to 15m in height; blooming peaks in spring; propagates by seeds or slips. Tropical.**

Erythrina verna (Bahia, Brazil), Coral Tree; **tree reaching up to 20m in height; blooming peaks in winter; propagates by seeds or slips. Tropical.**

Inga luschnanthiana (Tropical America), St. John's Bread; **tree reaching up to 5m in height; blooming peaks in spring; propagates by seeds. Tropical.**

Mucuna bennetii (New Guinea), New Guinea Creeper; **climbing plant; rapid growth; blooms from winter to spring; propagates by seeds or layering. Tropical.**

Myroxylon peruiferum (Brazil), Myroxylon; **tree reaching up to 20m in height; blooming peaks in winter; propagates by seeds. Tropical.**

Wisteria sinensis (China), Chinese Wisteria; **climbing plant; blooming peaks in winter; propagates by slips. Subtropical.**

Family Liliaceae

Agapanthus africanus (South Africa), Blue African Lily; **herbaceous plant reaching up to 0.5m in height; blooming peaks in spring; propagates by division of bulbs or seeds. Subtropical.**

Aloe sp. (Africa), Medicine Plant; **herbaceous plant reaching up to 1m in height; blooms from spring to autumn; propagates by offshoots. Tropical.**

Cordyline congesta (Nova Zelândia), **Dracena**; arbusto de três metros de altura; floresce da primavera ao outono; propaga-se por estacas. Tropical.

Família *Lythraceae*

Cuphea speciosa (América do Sul), **Erva-de-bicho**; planta herbácea de até 1,5 metros de altura; floresce da primavera ao outono; propaga-se por estacas ou sementes. Tropical.

Família *Malvaceae*

Abutilon megapotamicum (Sul do Brasil), **Lanterna-japonesa**; arbusto de até três metros de altura; floresce da primavera ao outono; propaga-se por estacas. Tropical.

Abutilon venosum (Sul do Brasil), **Sininho**; arbusto de até cinco metros de altura; floresce da primavera ao outono; propaga-se por estacas. Tropical.

Hibiscus rosa-sinensis (China), **Hibisco**; arbusto de até quatro metros de altura; floresce da primavera ao outono; propaga-se por estacas. Tropical.

Hibiscus schizopetalus (África Tropical), **Hibisco-lanterninha**; arbusto de até três metros de altura; floresce da primavera ao outono; propaga-se por estacas. Tropical.

Malvaviscus arboreus (México), **Malvavisco**; arbusto de até quatro metros de altura; crescimento rápido; floresce quase o ano inteiro; propaga-se por estacas. Tropical.

Família *Marantaceae*

Stromanthe sanguinea (Rio, Brasil), **Caetê-vermelho**; planta herbácea de até 1,5 metro de altura; floresce da primavera ao verão; propaga-se por mudas. Subtropical.

Família *Musaceae*

Musa sp. (América Tropical), **Bananeira**; arbusto de até oito metros de altura; floresce da primavera ao outono; propaga-se

Cordyline congesta (New Zealand), Dracaena; shrub reaching up to 3m in height; blooms from spring to autumn; propagates by slips. Tropical.

Family *Lythraceae*

Cuphea speciosa (South America), Cuphea; herbaceous plant reaching up to 1.5m in height; blooms from spring to autumn; propagates by slips or seeds. Tropical.

Family *Malvaceae*

Abutilon megapotamicum (South Brazil), Weeping Chinese Lantern; shrub reaching up to 3m in height; blooms from spring to autumn; propagates by slips. Tropical.

Abutilon venosum (South Brazil), Spotted Flowering Maple; shrub reaching up to 5m in height; blooms from spring to autumn; propagates by slips. Tropical.

Hibiscus rosa-sinensis (China), Chinese Hibiscus; shrub reaching up to 4m in height; blooms from spring to autumn; propagates by slips. Tropical.

Hibiscus schizopetalus (Tropical Africa), Japanese Lantern; shrub reaching up to 3m in height; blooms from spring to autumn; propagates by slips. Tropical.

Malvaviscus arboreus (Mexico), Turk's Cap; shrub reaching up to 4m in height; rapid growth; blooms almost throughout the year; propagates by slips. Tropical.

Family *Marantaceae*

Stromanthe sanguinea (Rio, Brazil), Red Arrow-root; herbaceous plant reaching up to 1,5m in height; blooms from spring to summer; propagates by offshoots. Subtropical.

Family *Musaceae*

Musa sp. (Tropical America), Common Banana; shrub reaching up to 8m in height; blooms from spring to autumn; propagates by divi-

por divisão de rizomas. Tropical.

Musa violaceana (Índia), **Bananeira-de-jardim**; arbusto de até dois metros de altura; floresce da primavera ao outono; propaga-se por retirada de brotos ou por sementes. Tropical.

Família *Myrtaceae*

Callistemon sp. (Austrália), **Escova-de-garrafa**; árvore de até dez metros de altura; floresce da primavera ao outono; propaga-se por sementes. Subtropical.

Eucalyptus ficifolia (Austrália), **Eucalipto-vermelho**; árvore de até dez metros de altura; auge da floração no verão; propaga-se por sementes. Subtropical.

Syzygium malaccense (Malaia, China), **Jambo-vermelho**; árvore de até 12 metros de altura; auge da floração no verão; propaga-se por sementes. Tropical.

Família *Oleaceae*

Jasminum mesnyi (China), **Jasmim-amarelo**; arbusto de até cinco metros de altura; auge da floração no inverno; propaga-se por estacas. Subtropical.

Família *Onagraceae*

Fuchsia regia (Sul do Brasil), **Brinco-de-princesa-do-mato**; arbusto de até cinco metros de altura; floresce quase o ano inteiro; propaga-se por estacas. Subtropical.

Fuchsia hybrida (América do Sul), **Brinco-de-princesa**; planta herbácea de até um metro de altura; floresce quase o ano inteiro; propaga-se por estacas. Subtropical.

Família *Orchidaceae*

Cattleya sp. (América Tropical), **Orquídea**; floresce da primavera ao outono; propaga-se por divisão de rizomas ou por sementes. Tropical.

sion of rhizomes. Tropical.

Musa violascens (India), Flowering Banana; **shrub reaching up to 2m in height; blooms from spring to autumn; propagates by suckers or seeds. Tropical.**

Family *Myrtaceae*

Callistemon sp. **(Australia),** Bottle Brush; **tree reaching up to 10m in height; blooms from spring to autumn; propagates by seeds. Subtropical.**

Eucalyptus ficifolia **(Australia),** Red Flowering Gum; **tree reaching up to 10m in height; blooming peaks in summer; propagates by seeds. Subtropical.**

Syzygium malaccense **(Malaya, China),** Rose Apple; **tree reaching up to 12m in height; blooming peaks in summer; propagates by seeds. Tropical.**

Family *Oleaceae*

Jasminum mesnyi **(China),** Yellow Jasmine; **shrub reaching up to 5m in height; blooming peaks in winter; propagates by slips. Subtropical.**

Family *Onagraceae*

Fuchsia regia **(South Brazil),** Fuchsia; **shrub reaching up to 5m in height; blooms almost throughout the year; propagates by slips. Subtropical.**

Fuchsia hybrida **(South America),** Fuchsia "Lady's Eardrops"; **herbaceous plant reaching up to 1m in height; blooms almost throughout the year; propagates by slips. Subtropical.**

Family *Orchidaceae*

Cattleya sp. **(Tropical America),** Orchid; **blooms from spring to autumn; propagates by division of rhizomes or seeds. Tropical.**

Epidendrum sp. (Brasil), **Boca-de-dragão**; orquídea-terrestre; floresce da primavera ao outono; propaga-se por divisão de touceiras. Tropical.

Laeliocattleya hybrida (América Tropical), **Orquídea**; floresce da primavera ao outono; propaga-se por divisão de rizomas ou por sementes. Tropical.

Lycaste sp. (América Tropical), **Orquídea**; floresce da primavera ao outono; propaga-se por divisão de rizomas ou por sementes. Tropical.

Oncidium varicosum (Brasil), **Chuva-de-ouro**; orquídea; floresce da primavera ao outono; propaga-se por divisão de rizomas ou por sementes. Tropical.

Família *Passifloraceae*

Passiflora quadrangularis (América Tropical), **Maracujazeiro-de-flor- vermelha**; trepadeira; floresce da primavera ao verão; propaga-se por estacas ou sementes. Tropical.

Passiflora sp. (América Tropical), **Maracujazeiro**; trepadeira; floresce da primavera ao verão; propaga-se por estacas ou sementes. Tropical.

Família *Proteaceae*

Grevillea banksii (Austrália), **Grevilea-anã**; arbusto de até cinco metros de altura; floresce quase o ano inteiro; propaga-se por sementes. Tropical.

Família *Punicaceae*

Punica granatum (África do Norte), **Romãzeira**; arbusto de até seis metros de altura; floresce da primavera ao outono; propaga-se por estacas ou sementes. Subtropical.

Família *Rubiaceae*

Coffea arabica (África), **Cafeeiro**; arbusto de até cinco metros de altura; auge da floração na primavera; propaga-se por sementes. Tropical.

Hamelia patens (América Central), **Hamélia**; arbusto de até seis metros de altura; floresce da primavera ao outono; propaga-se por mudas. Subtropical.

Ixora chinensis (Malaia, China), **Ixora**; arbusto de até dois metros de altura; floresce da primavera ao outono; propaga-se por estacas. Tropical.

Mussaenda erythrophylla (Zaire), **Mussaenda-vermelha**; arbusto de até três metros de altura; auge da floração no verão; propaga-se por

Epidendrum sp. (Brazil), Epidendrum Orchid; **blooms from spring to autumn; propagates by division of clumps of roots. Tropical.**

Laeliocattleya hybrida (Tropical America), Orchid; **blooms from spring to autumn; propagates by division of rhizomes or seeds. Tropical.**

Lycaste sp. (Tropical America), Orchid; **blooms from spring to autumn; propagates by division of rhizomes or seeds. Tropical.**

Oncidium varicosum (Brazil), Golden Shower; **orchid; blooms from spring to autumn; propagates by division of rhizomes or seeds. Tropical.**

Family *Passifloraceae*

Passiflora quadrangularis (Tropical America), Giant Granadilla; **creeping plant; blooms from spring to summer; propagates by slips or seeds. Tropical.**

Passiflora sp. (Tropical America), Passion Flower; **creeping plant; blooms from spring to summer; propagates by slips or seeds. Tropical.**

Family *Proteaceae*

Grevillea banksii (Australia), Banks Grevillea; **shrub reaching up to 5m in height; blooms almost throughout the year; propagates by seeds. Tropical.**

Family *Punicaceae*

Punica granatum (North Africa), Pomegranate; **shrub reaching up to 6m in height; blooms from spring to autumn; propagates by slips or seeds. Subtropical.**

Family *Rubiaceae*

Coffea arabica (Africa), Arabian Coffee; **shrub reaching up to 5m in height; blooming peaks in spring; propagates by seeds. Tropical.**

Hamelia patens (Central America), Scarlet Bush; **shrub reaching up to 6m in height; blooms from spring to autumn; propagates by offshoots. Subtropical.**

Ixora chinensis (Malaya, China), Flame of the Woods; **shrub reaching up to 2m in height; blooms from spring to autumn; propagates by slips. Tropical.**

Mussaenda erythrophylla (Zaire), Ashanti Blood; **shrub reaching up to 3m in height; blooming peaks in summer; propagates by slips. Tropical.**

estacas. Tropical.

Mussaenda montana (Nova Guiné), **Mussaenda-amarela**; arbusto de até 1,5 metro de altura; auge da floração no verão; propaga-se por estacas. Tropical.

Pentas spp. (África Tropical), **Pentas**; planta herbácea de até 1,5 metro de altura; floresce da primavera ao outono; propaga-se por estacas. Tropical.

Família *Rutaceae*

Citrus sinensis (Ásia), **Laranjeira**; arbusto de até quatro metros de altura; auge da floração na primavera; propaga-se por mudas enxertadas. Tropical.

Família *Scrophulariaceae*

Russelia equisetiformis (México), **Russélia**; planta herbácea de até um metro de altura; floresce quase o ano inteiro; propaga-se por estacas. Tropical.

Família *Solanaceae*

Acnistus arboreus (Brasil), **Fruta-do-sabiá**; arbusto de até cinco metros de altura; crescimento rápido; auge da floração na primavera; propaga-se por estacas. Tropical.

Streptosolen jamesonii (Colômbia e Equador), **Estreptosolen**; planta herbácea de até dois metros de altura; floresce da primavera ao outono; propaga-se por estacas. Tropical.

Família *Sterculiaceae*

Helicteres sacarolha (Brasil), **Saca-rolha**; arbusto de até cinco metros de altura; floresce da primavera ao outono; propaga-se por estacas ou sementes. Tropical.

Família *Thunbergiaceae*

Thunbergia erecta (África), **Tumbérgia-arbustiva**; arbusto de até dois metros de altura; floresce da primavera ao outono; propaga-se por estacas. Tropical.

Thunbergia grandiflora (Índia), **Tumbérgia-azul**; trepadeira; crescimento rápido; floresce da primavera ao outono; propaga-se por estacas. Tropical.

Thunbergia mysorensis (Índia), **Sapatinho**; trepadeira; floresce da primavera ao outono; propaga-se por estacas. Tropical.

Família *Tropaeolaceae*

Tropaeolum majus (Brasil e Peru), **Capuchinha-grande**; planta herbácea de até 0,3 metro de altura; floresce da primavera ao outono;

Mussaenda montana (New Guinea), Yellow Mussaenda; **shrub reaching up to 1.5m in height; blooming peaks in summer; propagates by slips. Tropical.**

Pentas spp. **(Tropical Africa)**, Egyptian Star-Clusters; **herbaceous plant reaching up to 1.5m in height; blooms from spring to autumn; propagates by slips. Tropical.**

Family *Rutaceae*

Citrus sinensis **(Asia)**, Orange; **shrub reaching up to 4m in height; blooming peaks in spring; propagates by grafted offshoots. Tropical.**

Family *Scrophulariaceae*

Russelia equisetiformis **(Mexico)**, Fountain Plant; **herbaceous plant reaching up to 1m in height; blooms almost throughout the year; propagates by slips. Tropical.**

Family *Solanaceae*

Acnistus arboreus **(Brazil)**, Acnistus; **shrub reaching up to 5m in height; rapid growth; blooming peaks in spring; propagates by slips. Tropical.**

Streptosolen jamesonii **(Colombia and Ecuador)**, Marmalade Bush; **herbaceous plant reaching up to 2m in height; blooms from spring to autumn; propagates by slips. Tropical.**

Family *Sterculiaceae*

Helicteres sacarolha **(Brazil)**, Helicteres; **shrub reaching up to 5m in height; blooms from spring to autumn; propagates by slips or seeds. Tropical.**

Family *Thunbergiaceae*

Thunbergia erecta **(Africa)**, King's Mantle; **shrub reaching up to 2m in height; blooms from spring to autumn; propagates by slips. Tropical.**

Thunbergia grandiflora **(India)**, Clock Vine; **climbing plant; rapid growth; blooms from spring to autumn; propagates by slips. Tropical.**

Thunbergia mysorensis **(India)**, Yellow Thunbergia; **climbing plant; blooms from spring to autumn; propagates by slips. Tropical.**

Family *Tropaeolaceae*

Tropaeolum majus **(Brazil and Peru)**, Nasturtium; **herbaceous plant reaching up to 0.3m in height; blooms from spring to autumn; propagates by seeds. Subtropical.**

Família Verbenaceae

Clerodendrum speciosum (África), **Lágrima-de-Cristo-vermelha**; trepadeira; floresce da primavera ao outono; propaga-se por estacas. Tropical.

Clerodendrum splendens (África), **Clerodendro-vermelho**; trepadeira; floresce da primavera ao outono; propaga-se por estacas. Tropical.

Clerodendrum thomsonae (África), **Lágrima-de-Cristo**; trepadeira; floresce da primavera ao outono; propaga-se por estacas. Tropical.

Duranta repens (Brasil), **Duranta**; arbusto de até seis metros de altura; floresce da primavera ao outono; propaga-se por estacas. Tropical.

Gmelina arborea (Índia), **Gmelina**; árvore de até dez metros de altura; auge da floração na primavera; propaga-se por sementes. Tropical.

Holmskioldia sanguinea (Himalaia), **Chapéu-chinês-vermelho**; arbusto de até cinco metros de altura; auge da floração no outono; propaga-se por estacas. Tropical.

Holmskioldia sanguinea aurea (Himalaia), **Chapéu-chinês-amarelo**; arbusto de até quatro metros de altura; auge da floração no outono; propaga-se por estacas. Tropical.

Lantana spp. (Ásia), **Lantanas**; planta herbácea de até um metro de altura; floresce da primavera ao outono; propaga-se por sementes ou estacas. Tropical.

Petrea volubilis (México), **Flor-de-São-Miguel**; trepadeira; crescimento lento; auge da floração na primavera; propaga-se por estacas. Tropical.

Petrea volubilis alba (México), **Flor-de-São-Miguel-branca**; trepadeira; crescimento lento; auge da floração na primavera; propaga-se por estacas. Tropical.

Família Zingiberaceae

Alpinia zerumbet (Ásia), **Alpínia**; arbusto de até três metros de altura; floresce da primavera ao outono; propaga-se por divisão de rizomas. Tropical.

Hedychium coccineum (Índia), **Lágrima-de-moça**; planta herbácea de até dois metros de altura; auge da floração no verão; propaga-se por mudas. Tropical.

Family Verbenaceae

Clerodendrum speciosum **(Africa)**, Glory Bower; **climbing plant; blooms from spring to autumn; propagates by slips. Tropical.**

Clerodendrum splendens **(Africa)**, Red Clerodendrum Vine; **climbing plant; blooms from spring to autumn; propagates by slips. Tropical.**

Clerodendrum thomsonae **(Africa)**, Bleeding Heart Vine; **climbing plant; blooms from spring to autumn; propagates by slips. Tropical.**

Duranta repens **(Brazil)**, Pigeon-Berry; **shrub reaching up to 6m in height; blooms from spring to autumn; propagates by slips. Tropical.**

Gmelina arborea **(India)**, Snapdragon Tree; **tree reaching up to 10m in height; blooming peaks in spring; propagates by seeds. Tropical.**

Holmskioldia sanguinea **(Himalaya)**, Red Chinese Hat Plant; **shrub reaching up to 5m in height; blooming peaks in autumn; propagates by slips. Tropical.**

Holmskioldia sanguinea aurea **(Himalaya)**, Yellow Chinese Hat Plant; **shrub reaching up to 4m in height; blooming peaks in autumn; propagates by slips. Tropical.**

Lantana spp. **(Asia)**, Shrub Verbenas; **herbaceous plant reaching up to 1m in height; blooms from spring to autumn; propagates by seeds or slips. Tropical.**

Petrea volubilis **(Mexico)**, Purple Wreath; **climbing plant; slow growth; blooming peaks in spring; propagates by slips. Tropical.**

Petrea volubilis alba **(Mexico)**, White Wreath; **climbing plant; slow growth; blooming peaks in spring; propagates by slips. Tropical.**

Family Zingiberaceae

Alpinia zerumbet **(Asia)**, Shell Ginger; **shrub reaching up to 3m in height; blooms from spring to autumn; propagates by division of rhizomes. Tropical.**

Hedychium coccineum **(India)**, Scarlet Ginger Lily; **herbaceous plant reaching up to 2m in height; blooming peaks in summer; propagates by offshoots. Tropical.**

Agradecimentos
Acknowledgments

Agradeçemos a colaboração de:

We wish to express my appreciation to the following people for their contributions to this book.

Birte Vera Stchelkunoff,

minha esposa e companheira que durante 20 anos participou de intensas pesquisas pelo Brasil e Exterior e cujo bom gosto inato e discernimento apurado ajudaram a realizar a tarefa de coordenar a arte e produção deste volume.

my wife and companion who for 20 years participated in intense research efforts in Brazil and elsewhere, and whose innate good taste and keen discernment helped coordinate the artwork and bring this volume to fruition.

Martim Bueno de Mesquita,

meu amigo de 47 anos de convivência ininterrupta, participante de arriscadas expedições sertanejas e conselheiro de inúmeras campanhas conservacionistas, tem sido incansável selecionador de bibliografia consultada e inflexível crítico e revisor de meus originais. Jornalista experiente e habilidoso, ele tem sido o primeiro leitor de meus manuscritos e o responsável pelo texto desta obra.

my constant friend of 47 years standing, a participant in hazardous backlands expeditions and advisor on countless conservationist campaigns, was indefatigable in selecting the bibliography consulted. An experienced and skilled journalist, he was a stern critic and editor of my original manuscripts and is largely responsible for the text of this work.

Leyla Stchelkunoff Madach,

nossa filha e amiga que tambem vem acompanhando com grande interesse esta pesquisa, dedicando-se a projetos de paisagismo com as flores que possam dar proteção aos nossos maravilhosos beija-flores.

our daughter and friend, has also followed with great interest the progress of this work, dedicating herself to designing landscapes that feature the flowers that can protect our marvelous hummingbirds.

Isabel Duarte/MD-Comunicação,

que com sua equipe colaboraram com dedicação na fase final deste projeto, diagramando e preparando todo o material gráfico.

that collaborated with devotion to the last part of this project, designed the layout and prepared the whole printed material.

Donna Sandin,

que traduziu com especial atenção e carinho o texto em inglês deste livro.

who so faithfully translated the text of this book into English.

Johan Dalgas Frisch

Agradecimentos Especiais
Special Thanks

Omar Fontana - Antonio Celso Cipriani - **Transbrasil Airlines**

Ciro José Porto - Jornalista, EPTV-Rede Globo / **Journalist - Globo TV Network, Brazil**

Hermes Moreira de Souza - Instituto Agronômico de Campinas-SP / **Agronomy Institute of Campinas, São Paulo State, Brazil.**

Maria Cristina Cerello Wagner e Andreas Friedrich Wagner - Fazenda Hotel Itapuã -Monte Verde-MG / **Fazenda Hotel Itapuã, in Monte Verde, Minas Gerais State, Brazil**

Antonio Luiz Gonçalvez - Instituto de Botânica - São Paulo-SP / **of the Botanical Institute, São Paulo, Brazil**

João Ernesto Dierberger - Dierberger Agricola - Limeira-SP / **Dierberger Agriculture, in Limeira, São Paulo, Brazil**

Christian Alfredo Dierberger, Eduardo Bacher, Luís Benedito Bacher

Jacques Vielliard - Universidade Estadual de Campinas-SP / **State University of Campinas, São Paulo, Brazil**

Peter Meyer Pflug - Orquidário Morumbi - São Paulo-SP / **Morumbi Orchid Gardens, São Paulo, Brazil**

Roberto Martins Franco - Fazenda Lageado - Sales de Oliveira-SP / **Fazenda Lageado, in Sales de Oliveira, São Paulo, Brazil.**

Samuel Jorge de Mello - Exótica Agrocomercial - São Paulo-SP / **Exótica Agrocomercial, São Paulo, Brazil**

Marcus Beneduce (in memorian) - Arquiteto de Interiores / **Interior Designer**

Ana Maria Tavares - Jornalista / **Journalist**

Johan Dalgas Frisch
Christian Dalgas Frisch

As fotografias deste livro são de Christian Adam Dalgas Frisch / **The photographs in this book are by Christian Adam Dalgas Frisch**

Créditos fotográficos / **Photografic credits**

Carlos Puppin - pgs. 77/99/154/209

Christiano Stchelkunoff Pecego-pgs. 113

Haroldo Palo Junior-pgs. 85/115/119/136/141/179/192/237

Ivan e Marlies Sazima-pg. 190

Silvestre Silva-pg. 63/64/65/66/67/68/69/74/76/110/116/138/139/160/174/184/208/212/219/233/234/235/236/239/240/241/242/243

Zig Koch-pgs. 57/79/165/191/207/210/238

270

Johan Dalgas Frisch

Johan Dalgas Frisch, descendente de dinamarqueses, nasceu em São Paulo no dia 12 de julho de 1930. Seu interesse pelas aves surgiu aos 6 anos de idade, quando começou a coletar exemplares que eram desenhados por seu pai, Svend Frisch.

Estudou no colégio e na Universidade Mackenzie, formando-se em Engenharia Industrial. Em 1964, publicou em co-autoria com seu pai o livro *Aves Brasileiras*, que teve uma segunda edição melhorada e ampliada em 1981. Até agora, este volume, que contém ilustrações de 1.567 aves, constitui o mais detalhado manual de identificação das espécies ornitológicas existentes no País.

Dalgas Frisch foi pioneiro na gravação do canto de aves da América do Sul, tendo registrado, entre outras raridades, as melodias do uirapuru - um dos mais misteriosos pássaros da Amazônia. Editou, entre 1961 e 1974, um total de 18 discos, que estiveram nas paradas de sucesso e um destes obteve o "Disco de Ouro".

O autor também se dedica à fotografia de animais selvagens, já realizou safáris fotográficos pelo Brasil, America do Sul, África e Austrália, quando conseguiu obter preciosos documentários da fauna dessas regiões. Conservacionista autêntico, foi um dos fundadores da Associação de Preservação da Vida Selvagem (APVS) em 1964, sendo atualmente vice-presidente da instituição.

Dalgas Frisch lutou pela criação do Parque Nacional Indígena do Tumucumaque. Foi um dos principais responsáveis pela criação do Dia da Ave, festejado a 5 de outubro. Idealizou campanhas para a proteção de aves migratórias, entre as quais o falcão-peregrino, o pinguim e a andorinha-azul. Durante vários anos realizou a marcação, por iniciativa própria, de milhares de exemplares, conseguindo determinar, com exatidão, sua rota de migração iniciada no Canadá e terminada no Estado de São Paulo. Esse projeto lhe valeu os títulos de cidadania honorária em Uirapuru (interior de São Paulo), Terra do Fogo (Argentina) e Texas (Estados Unidos).

Sua empresa Dalgas Ecoltec, situada em São Paulo (capital), projeta e instala equipamentos para impedir a poluição do meio ambiente. Entre as obras de grande envergadura realizadas pela firma está o tratamento de efluentes do Aeroporto Internacional de São Paulo, Guarulhos.

Junto com sua esposa Birte, Dalgas também se dedica à agricultura. O casal conseguiu conciliar a plantação de cana-de-açúcar com uma reserva de aves e plantas silvestres.

Johan Dalgas Frisch, a descendant of Danish immigrants, was born in São Paulo in 1930. He became interested in birds at the age of six, when he began to collect examples for his father, Svend Frisch, to use as models for his drawings.

He earned a degree in industrial engineering from Brazil's Mackenzie University. In 1964, he published the book *Aves Brasileiras* (Brazilian Birds), written in partnership with his father. A revised and expanded edition of that book appeared in 1981. This volume, containing illustrations of 1,567 birds, remains the most detailed identification manual available for ornithological species found in Brazil.

Dalgas Frisch was a pioneer in the recording of bird songs in South America. Among the rarities he has preserved were the melodies produced by the uirapuru, one of the most mysterious birds of the Amazon region. Between 1961 and 1974 he produced a total of 18 phonograph records. These became best-sellers, and one earned a "Gold Record."

The author also photographs wild animals and has made camera safaris throughout Brazil, other countries of South America, and Africa and Australia. This has enabled him to capture valuable documentary material on the fauna of those regions. An authentic conservationist he was, in 1964, one of the founders of Brazil's Association for the Preservation of Wildlife, an institution of which he is now vice-president.

Dalgas Frisch fought for the creation of the Tumucumaque Indigenous National Park. He was one of the principal sponsors of Bird Day, now celebrated in Brazil on October 5. He developed campaigns to protect migratory birds, including the peregrine falcon, the penguin, and the purple martin. On his own initiative, he spent several years marking thousands of purple martins and was successful in determining the exact route of their migration from Canada to the Brazilian state of São Paulo. That project earned him honorary citizenship of three localities: Uirapuru (interior of São Paulo), Tierra del Fuego (Argentina), and Texas (the United States).

His company, Dalgas Ecoltec, in the city of São Paulo, Brazil, designs and installs anti-pollution equipment. Among major projects completed by the firm is an effluent treatment facility at São Paulo's Guarulhos International Airport.

Christian Adam Dalgas Frisch

Christian A. Dalgas Frisch nasceu em São Paulo no dia 1º de maio de 1964. Engenheiro químico formado pela Universidade Mackenzie, desde jovem participa das atividades ornitológicas do pai, acompanhando-o em explorações pelos sertões do Brasil, Argentina, África e Alasca.

Pesquisou e selecionou para esta obra a maioria das plantas atrativas para os beija-flores, transformando parte de seu sítio em Mogi-Mirim (SP) num autêntico jardim de colibris. Fotógrafo exímio e de grande sensibilidade, se especializou na coletânea de imagens de flores procuradas por essas aves, sendo também autor da maioria das fotos reproduzidas neste livro.

Christian A. Dalgas Frisch was born in São Paulo in 1964 and received a degree in chemical engineering from Mackenzie University. Ever since he was a young boy he has participated in his father's ornithological work, accompanying him on explorations through the backlands of Brazil, Argentina, Africa, and Alaska.

Recently he has dedicated his efforts to researching plants that attract hummingbirds. He has converted part of his country estate in Mogi-Mirim, São Paulo, into what is truly a hummingbird garden. An accomplished and sensitive photographer, he specializes in collecting images of the flowers sought out by those birds and is the author of most of the photographs that appear in this book.

Dados Internacionais de Catalogação na Publicação (CIP)
(Câmara Brasileira do Livro, SP, Brasil)

Frisch, Johan Dalgas, 1930-
    Jardim dos Beija-flores = The Hummingbird Garden / Johan Dalgas Frisch, Christian A. Dalgas Frisch. -- São Paulo : Dalgas-Ecoltec Ecologia Técnica, 1995.

Texto bilingüe português-inglês.

1. Beija-flores - Brasil 2. Flores - Brasil I. Frisch, Christian A. Dalgas. II. Título. III. Título: The Hummingbird Garden.

| | CDD | -574.50981 |
| 94-4000 | | -581.50981 |

Índices para catálogo sistemático:
1. Brasil : Beija-flores : Ecologia 574.50981
2. Brasil : Flores : Ecologia 581.50981
ISBN 85-85015-03-9

Editora
Dalgas-Ecoltec
Ecologia Técnica e
Comércio Ltda.

Praça Uirapuru, 20
Cep. 05675-030
São Paulo - SP - Brasil
Telefone: 55-11-814-8000
Fax: 55-11-815-3693

Printed in Italy by
A. Mondadori, Verona